I am in Bhutan, the Happyland

我在幸福之地
不丹
Bhutan

黃紫婕著*Grace Huang*

轉動地球的幸福

　　我很高興有這個機會將這本書推薦給大家。從黃紫婕女士的著作我們可以了解，為了減少這個世界的不安、紛爭，增進世界的和諧，她對佛法推廣所做的努力。

　　透由本書，她希望將幾年來在東南亞國家旅行時所學習到的智慧與經驗，和讀者們分享。她對大乘佛教的教法與宗派有深入的研究，包括藏傳佛教的蓮花生大士，以及不丹竹巴噶舉傳承的創始者——夏宗法王。她也盡其所能地，探索與發掘不丹已知和未知的文化與傳統，將之介紹到不丹以外的地方。這樣的舉動不僅不丹王國與其人民受惠，本書的讀者，藉此得以了解不丹傳統與文化深層精妙的細節，對他們更是有莫大的好處。

　　宗教在不丹人的生活裏扮演了舉足輕重的角色，因為不丹的治國方針——「國家幸福指數」(GNH，Gross National Happiness)，便是建立於佛陀的教法之上。人類所追求的終極目標即是幸福的生活。因此，GNH 就成為這個社會，為了持續堅守創造幸福的理念，在制定所有發展計劃與政策時必須遵循的發展典範。

　　GNH 有四大支柱，分別為：全體平等與均衡發展、維護傳統與文化、環保護生、良好的管理效能。GNH 強調，滿足個人心理與生理需求的幸福感是很重要的，因此，這和以 GDP 為經濟發展模式，來用以衡量社會成長與福利的國家相較，不論是已開發國家或是開發中國家，GNH 是將經濟成長視為得到幸福的其中一種方式，而非國家發展的終極目標。

　　2010 年，本書的作者黃紫婕女士與不丹內政與文化部所欲探討、發展的議題，即是 GNH 的四大支柱之一──文化維護與推廣。

　　她是山月國際特殊文化交流協會理事長，對於台灣不丹雙邊文化的推廣與交流不遺於力。尤其是促成並大力協助不丹參與「2010 台北國際花博不丹館」與「2011 台北國際書展不丹主題國」，以及在台灣舉辦的「第一屆台灣不丹快樂經濟論壇」。她以堅定的信念和專業，全心地投入，著實令我訝異和欽敬。

　　因此，我很開心她終於要出書了。

　　期待本書能將不丹幸福的核心精神，帶給台灣乃至世界各地的讀者，將不丹珍貴的文化，貢獻給世界，並為地球轉動幸福。

明究・多傑 (Minjur Dorji)
不丹內政與文化部部長

Rotate the Earth with Happiness

I would like to take this opportunity to commend Ms. Lady Grace Huang, the author of the Book titled "I am in Bhutan, the happy land" for her diligent efforts in publishing this text. It is her own pieces of work try to flourish the Buddha Dharma religion in the would trying to simplify the complexity of the discourses and summarize it to the possible extent for the benefit of the universe.

Basically, she intends to share wisdom and the gainful experiences that she acquired over the years by traveling to the various countries in the Southeast Asia. She has done a lot of in-depth research and studies on Mahayana Buddhism and its scholars including the great Tantric Master Guru Rinpoche and Zhabdrung Ngawang Namgyel, the founder of Drukpa Kadgue School of Buddhism in Bhutan. She also tries her best to explore and discover the undiscovered culture and traditions of Bhutan and her people but also will immensely benefit the readers world-wide in knowing the minute details about Bhutan and its culture and traditions.

The role of religion plays a vital role in the lives of Bhutanese as the concept of Gross National Happiness (GNH) in Bhutan was founded based on the principles and the teaching of Gautama Buddha. The ultimate goal of being a human being is to live in happiness. Therefore, the GNH has become the development paradigm where all the developmental plans and policies are framed in keeping with view of creating happiness in the society. The four essences of GNH are: Equitable and Sustainable Socio-economic Development, Preservation and Promotion of culture, Conservation of Environment

我在幸福之地・不丹

4

and Good Governance. GNH emphasizes the importance of happiness as a function of meeting both the mental and physical needs of individuals. Unlike GDP-based economic models, which is popular measure of growth and well-being in both developed and developing countries, the philosophy of Gross National Happiness considers economic growth as one of the means towards achieving happiness and not as the ultimate objective of development.

In 2010, the author of this book, Lady Grace Huang, approached the Ministry of Home & Culture Affairs (MoHCA) and deliberated on the issue of preservation and promotion of our culture which is one of the main pillars of GNH. Lady Grace is the President of the Sunya International Flora Expo, upcoming Taipei International Book Exhibition (TIBE) 2011 and the first GNH Conference to be held in Taiwan for the participants from both countries. After I know this, it really amazed me all by the determined persistence in Grace, her profession and devotion.

Now, I am very happy to know that her book about Bhutan is published. I have much expectation in this book to convey the core spirit of the happiness in Bhutan. I expect that all readers in Taiwan even in the whole world will be inspired profoundly by the precious and abundant culture of Bhutan, and Bhutan is always at the service to contribute to the wellbeing of this planet.

Good wishes to you, reader!

Ministry of Home & Cultural Affairs
Royal Government of Bhutan
Tashichho Dzong, Thimphu
Minjur Dorji
24 January, 2011

承諾與願力

我曾經聽過一個十分感人的故事。是一個關於「承諾與願力」的故事。

十年前，有一位年輕的女修行者，她認識了一位仁波切。這位仁波切的本寺在藏區極為偏遠之地，外人幾乎難以抵達。仁波切年老了，並且長期居住在美國，雖然無法與寺內的弟子見面，但卻極為關懷，而弟子們對仁波切也有著極深的仰信。

當時這位仁波切在海外募了一筆錢，希望能送回寺院資助寺眾。無奈年紀已大，禁不起遙遠的旅程，因而將此事託付給一位年輕的女子，她向仁波切允諾，一定完成他這個心願。於是她身懷鉅款，一個人孤身飛到幾乎沒有外人抵達的偏遠之寺。抵達時又遇到山崩阻斷道路，無法和來接機的寺眾相會合，於是她一個人在海拔最高的簡陋機場，在高山反應與孤立無依的狀態下，度過了最艱苦而寒凍的一夜。

次日清晨，山石還在持續崩落，她冒險穿過坍塌的道路，終於和前來接應她的寺眾會合。除了將仁波切所託的金錢平安交付寺眾外，她也深知仁波切掛念著寺眾，於是她用攝影機將寺內的一景一物及僧眾們攝影下來，期待下次至美國時，帶去給仁波切一解思念。

她冒著生命的危險，出生入死，只為了一句承諾。

這位年輕的女子，就是現在的黃紫婕會長。

生命的最大力量與莊嚴，來自於對法的信心，與對生命的承諾和願力。黃會長一生當中，充滿了這些承諾與願力的感人事蹟，而她也在這些深刻的生命奮鬥當中茁長。

廣大的發心與承諾，成就了許多不可思議的事。因此，我以「承諾與願力」，作為此篇序的標題，來贊揚黃會長對承諾的堅定，成就最殊勝

廣大的願力，幫助人類朝向更美好的境界，依著覺悟的道路，向前邁進。

當初她本著「將不丹的幸福力引入台灣」這個單純的心願，以及她對不丹總理及諸位仁波切、法王的承諾，成為開啟不丹與台灣密切文化交流的關鍵人物。從 2010 台北國際花博不丹館、2011 台北國際書展主題國不丹，到第一屆台灣不丹快樂經濟論壇，完成了這應該是傾國家之力，才能達成的鉅大交流。

不丹，在領導者的遠見與全民的共識下，以追求人民整體幸福感的 GNH（國家幸福力）為發展主軸，在有限的資源下，以獨特的價值觀打造了令人感動的幸福國度。

近代的不丹，正面臨著現代化與國際接軌的衝擊與抉擇。全世界都在看，開放之後的不丹，是否還能保有現前的幸福與滿足？

2009 年與不丹總理會面時，我將所著的《菩薩經濟學》英文版，送給總理，期待「以智慧創造利潤，以慈悲善待一切」的菩薩經濟學理念，能提供 GNH 更深厚的佛法基石，期待不丹成為未來人類幸福經濟的典範，共創全體人類的幸福。

在世界許多國家中，不丹和台灣有著深刻的緣份：兩者不但面積相仿，也有著善良熱情的人民。我們期待不丹與台灣攜手同心，成為轉動地球幸福的摃桿。對本書的出版，我感到十分歡喜，也充滿祝福。希望本書能為大家啟動幸福的能量，讓台灣與不丹珍貴美好的文化相互激盪，為地球開啟覺性的光輝！

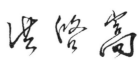

目錄

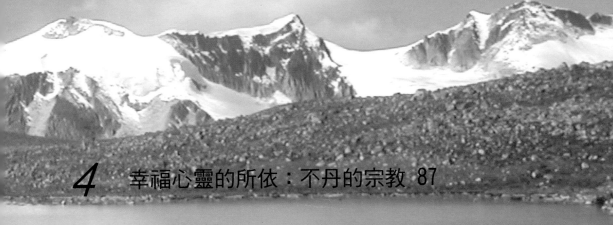

我在幸福之地 • 不丹

　　以幸福立國的不丹，在與世界強國奉經濟發展為唯一的規臬，形成了強烈的對比，在資本主義的洪流中，她寧靜地屹立不搖，感動人心。

　　從西元 2000 年，千禧年的起始，我第一次抵達不丹，這個被喻為人間最後的香格里拉，從此與這布滿蓮花生大士加持的祕密聖地，結下了不解之緣。

　　2002 年，我再度親訪不丹，是為了不丹最傳奇、偉大的伏藏大師貝瑪林巴傳承而去，我受一位上師之託付，前往參訪一位具德上師——吐賽仁波切，他在不丹被視為貝瑪林巴的「意化身」。

　　此後，在多次親訪不丹的過程中，我更深刻感受到不丹幸福的底蘊，也思惟著如何讓這份幸福的能量與台灣交流，共同為世界開啟幸福的願景。

　　這個因緣，在 2009 年逐漸地成熟。初春，為了籌畫在台灣舉辦不丹傳承的祈福大法會暨不丹宗教藝術文化展，我籌組了考察團，前往交流與收集資料。

　　2009 年的秋天，善緣成熟，這趟旅程，可以說是我歷次以來造訪不丹之中，各項因緣匯聚最特別的一次，我與不丹最高宗教領袖（出世間）以及現任國家最高總理（世間）會面，象徵著：得到世間與出世間的廣大加持與祝福，也從此正式啟動幸福不丹與台灣的因緣。

　　那次，我在不丹作了一個短期閉關，竟有幸能得兩位在不丹佛教地位很崇高的仁波切，親自分別為我封關及結關。當時為我封關結界的那位上師，是不丹掌理宗教事務的首長之一——丹頂徹旺仁波切。仁波切除了慈悲地為我加持之外，並且預言似地告訴我：「你為台灣及不丹真誠發願所做的一切，一定會圓滿成就的！」閉關圓滿後，為我結關的仁

波切，則是前任不丹掌理宗教節慶的首長——桑給多傑仁波切。他同樣地對我說道：「你的善心和善願，在未來一定會有美好的結果。」

從此之後，果真如仁波切所預言一般，我彷彿被一股巨大的力量所推動著。

2010 年，對我和不丹是很特殊的一年，在短短的一年中，我去了不丹 5 次。於是，2010 年，獲得總理的親自授權，我所屬的山月國際特殊文化協會，代表不丹國正式參加 2010 台北國際花卉博覽會，世界庭園中不丹庭園展館的建立。將台灣與不丹之間的文化交流，推進了另一個階段。

同年 5 月，協助大塊文化《不丹的幸福配方》一書，進行植物香氛專題攝製之旅。

8 月，協助《VOGUE》雜誌「不丹祕境時尚行旅」專題，遠赴不丹實境拍攝。

9 月，籌組「台灣 · 不丹 GNH 幸福力考察團」，偕同心靈、文化、經濟、商業、資訊、藝術等不同領域的專家，與不丹十多位中央重要官員，進行深入 GNH 密切的交流。這是台灣與不丹第一次有這樣高規格的正式交流活動。

10 月，臨危受命，受台北書展基金會委託，策畫 2011 年台北國際書展不丹主題國的重責大任。

11 月，2010 年台北國際花卉博覽會正式開幕，不丹館宛如寧靜屹立的幸福堡壘，為台灣注入幸福能量。

12 月，與台北書展基金會共同籌畫，將於 2 月舉辦的第一屆「2011 不丹 · 台灣快樂經濟論壇」。

記得當時，我受台北國際書展之託，11 月前往不丹向總理說明受邀參展之事時，總理非常遲疑地看著我：「在這麼短的時間內，可能嗎？」當時只想到這對不丹和台灣之間，文化交流的意義深遠，於是毫不猶豫地承擔下來，並向總理承諾自己會全力地協助。

於是，在總理的全力支持與託付之下，若沒有依持著堅定的信念、堅強的意志力，再加上自身在藏傳佛教二十年來的薰息，以及十幾年來的出版專業，絕對不可能在這麼短的時間內，達成這一連串「不可能的任務」。

也因此，我也才有可能在 2011 年台北書展期間，促成不丹三大國寶來台展出的不可思議因緣。

這一連串的事件，至今回想起來，宛如一場夢境般地不可置信。

這一切的完成，除了我想將不丹幸福的能量與因緣，傳送回這塊我最珍愛的土地——台灣，這樣的堅定信念，另外，還有實現著我對不丹一份深刻的承諾——對信任我的總理、諸位仁波切們的託付。

當我在面對無數困境，身心疲憊至極之時，他們對我的信任與託付，最至誠的鼓勵與祝福，這些帶給我幸福能量的臉孔，是我永不棄捨的動力。

正如《商業周刊》創辦人金惟純先生所言：「不丹是個人生學習的天成之地，她的美好為世界帶來信心。台灣與不丹面積相仿，在諸多的資源上，比不丹更優渥；台灣的人民善良淳樸，有極大的潛力發展國家幸福力。透過兩方相互的交流和學習，可以共創世界的幸福。」

感謝在這段生命歷程中，佛陀、蓮師不棄捨的加持，所有給予我生命啟迪的具德師長、仁波切們，長期支持我的尊親、親朋好友，以及那些鍛鍊我的所有因緣。

歷經千折百轉，本書終於出版。正如同本書的名稱：「我在幸福之地，不丹」，希望與讀者分享的，不只是不丹溫柔而恬靜的幸福，也希望傳遞我生命中一步一腳印，在艱困奮鬥中所留下的菁華與果實，這些不是屬於我個人的，是屬於所有認同生命真善美、以及追求真實幸福的人們。

祈願有緣的你，一同分享這份心的幸福！

楔子：生命的啟程

把你的心　放在我的心上
讓一切從頭說起

在時光的穿梭中
沒有問候的開始　也沒有告別的結束
也許一杯淡淡的清茶　可以讓你默然飲下
我生命中　所有的歡喜憂愁

尋找心靈的歸處　在此啟程
走過平原　越過高山　跨過大海
我來到這裡

青春的面容　鋪上歲月的風霜
曾經不安的心　終於　塵埃落定
見山是山　見山又是山
燈火闌珊處　原來是最近的歸程

來自黃金稻米之鄉

　　我出生在平坦寬闊的嘉南平原，那是台灣重要的稻米之鄉。嘉義，這個最初懷抱我降生、成長的都市，在 60 年代的初期，有著最淳樸的風貌、最濃厚的鄉情。

　　我的父親是位當時還是稱為「嘉義農專」的教授、田徑總教練，他數次率隊參加國際比賽，被譽為最認真、傑出的教練。父親的個性好惡分明、率性、好勝，但是他的認真、專注與執著，讓他獲得學生們的敬佩與終生對他的感念。

　　我的母親，是一位純樸、溫婉的電信局公務人員。早年在嘉義民雄，我外祖公是一位非常有名的中醫師，外公師承他的醫術，在當地是鄉里的望族。但是，後來家道中落，母親在完成初中的學業後，就必須馬上投入就業，來減輕家庭的負擔。對母親而言，能受教育、學習新的事務和技能，是她人生中的樂趣，在年輕時那段無法完成她升學夢想的歲月，取代之的是：即使她目前已經退休，她仍然熱衷於讀書與學習。

　　也許，就在我的血液基因當中，同樣遺傳某些來自於他們的良善特質，讓我在人生的歷程中，能夠堅持地走著自己的道路。

在台灣早期年代，祖父母育有九個小孩是稀鬆平常的事情，我的父親是家中的長子，而我則是父母親的第一個小孩。小時候我就與祖父母及當時年紀尚輕的姑姑、叔叔們住在同一個屋簷下，印象中，那是個像日式建築的房舍。

那時，祖父母經營一家台榮釀造食品工廠，生產調味醬料的產品，如：桂香醋、香油、辣椒醬等等之類的。小時候，我就常常跑去和工廠的工人們玩耍，一起包裝瓶瓶罐罐、貼標籤……那些工作對當時的我而言，就像是辦家家酒一樣的有趣。

小時候，還有一件事情讓我印象很深刻，清晨中，我常會在睡夢中被屋外大廳的誦經、木魚聲所喚醒。我現在已經不記得當時確實的情形，但是據聞，祖父的確是位虔誠的佛教徒，他的母親（我們的祖媽）在晚年的時候出家為尼，家中受母親的影響，他的妹妹後來也剃髮為尼，而他則是長年茹素。至於祖母，她的個性精明幹練，但對觀世音菩薩卻有很深的信仰，在我記憶中，她每日早上的第一個作務就是清理佛堂，上香和誦《觀音經》、《普門品》。雖然在大家族中，避免不了世俗的爭爭吵吵、紛紛鬧鬧，但是幼時的那幕記憶，仍然縈繞在我腦海裡。

直至今日，我成為一個佛教徒，當回憶兒時的情景，隱隱浮現出這樣與佛法相連的血脈關係！有時回到祖父母的舊宅，看到祖先牌位旁，有兩位現出家相的僧尼照片，我會不禁遙想著這樣的家族因緣……

後來，在我十歲左右，我們搬離祖父母的家，遷入父親學校所提供的宿舍，生活換了另一個場景。在我日趨成熟的身心中，那鮮明的個性特質逐漸出現，某些特立的行為與想法，讓我變得像個怪怪的小孩，喜歡想些無俚頭的事情，幻想做個武功高強的俠女，路見不平，有能力可以拔刀相助。

父母除了對我低空飛過的課業成績有些煩惱，但是我身為老大的貼心與承擔家務的勤快，讓他們沒有太多的微詞，只是在茶飯之餘，不免要嘮叨地耳提面命，升學、課業成績是如何地重要，如何地關係到未來的

前程……而對我有時的倔強與執著，卻又感到有些無可奈何！

　　記憶中，在那段年稚的歲月，感到最幸福的時刻，莫過於手上捧著父母出差買回的禮物──彩色的童話故事書。我像寶貝一般地將它們抱在胸前，臥躺在軟綿綿的被子上，小心地一頁一頁的翻著，享受閱讀的時光，就深怕故事很快地就結束了。時而成為降伏妖獸的英雄，時而成為被拯救的美麗公主，或是揭穿壞人陰謀的勇士，或是成為能自由翱翔的精靈……那種滿足與快樂，也許是小孩子透過故事情節，在幻想扮演著各種不同的角色中，去體會那早熟個性的人生吧！

尋求心靈的歸處

　　直到高二，我離家住校，從那開始，我就像單飛的孤鳥，開始學習獨立，面對各種的變化。

　　20歲，情竇初開的年華，開始與異性交往，我熱情而浪漫的天性，常讓我在情海之中沉浮，聚散離合之間，時而歡欣、時而憂煩。慢慢地，我開始發覺到生命中有一種隱隱的沉重……在任由內在貪嗔癡的天性盲

動之中，我開始發覺無常的存在：「今日是、明日非；今之好、明之惡……」觀察到「自己的心」怎會那般地無常?! 這一絲絲如同細針扎在心頭一般，悄悄地在心底擴大、發酵，它在我生活挫折之餘，增添惆悵；而在喧鬧歡樂之際，讓我心生空虛。

這種極端的感受，讓我有種黑壓壓的無力感，慢慢地也成為我心底深處的一種「不安」、甚至一種恐懼。於是我開始尋找答案、解決之道。面對世間學問的邏輯、辯論之學，我無法滿足，因此，我開始接觸各種宗教，企求在形而上的哲理中，找尋到心靈的歸處。

最後，我落腳在佛法的智慧之門前。

大學時代，在佛學社團出出入入，但並沒有讓我就此獲得心靈的滿足。過去，煩惱像是遍野叢生的雜草；現在卻像是把所有煩惱綁成一個大包袱，扛在肩上，如影隨形。正當大學同學們熱衷地投入各種活動、歡樂舞會中，我那稚氣年輕的外表內，卻包藏著這樣沉重的心靈……

那時候除了大學的佛學社，我天生的熱情驅使我加入了當時的社會服務團。這個社團經常安排寒暑假期間或假日，去支援協助一些弱勢團體；有的時候是去偏遠的山區學校，帶領各種團康活動；有的時候則是去孤兒院，輔導小朋友的課業。

記得有一次，社團安排一個下午要到某個孤兒院去服務，到達那所孤兒院時，大家被分派安排來輔導不同的小朋友。這段時間，我忙碌地與他們互動聊天、玩耍、教學，小朋友們都很快樂，就在我們結束服務，準備要告別離去時，他們的臉孔中露出了難捨、傷心的神情，就在那一剎，再次觸動我心底的那塊不安……我腦海中浮現出個念頭：「我真的能給他們快樂嗎？這快樂是這樣地無常！我想幫助別人快樂，可是我的心中，都還沒有找到那個答案……」

大學畢業後，我不安定的心輪換著不同的工作。後來父親將我引薦到他一位好友的貿易公司上班，光鮮亮麗的上班族，似乎是一個好工作的開始。然而，兩天後，我竟在洗手間的鏡前，看著鏡子中的自己：「難道我就要這樣過了一生嗎？」潸然淚下。隔天，我就離開了那個工作。

另類人生的開始

在初接觸佛教的懵懂時期，看著自己桀敖不馴的心性，如同野馬一般地難以調伏，尤其不喜歡「教條式」的規距，又難以順從權威式的教理。但是，當有時閱讀佛典，卻又被佛經中的某段故事或是隻字片語，心有相應般的感動不已！

後來在一個特殊的因緣，讓我接觸了西藏佛教，在一次的灌頂法會中，我於一位西藏得道高僧——80歲的卡盧仁波切尊前，正式地受了佛教所謂的「皈依」。我還記得那時他給予我的法名叫做「星給卻準」（譯意是：法炬獅子）。當時，我很喜歡這個法名，因為我本身就是獅子（獅子座）！

直到近幾年，有一次我與幾位西藏僧眾在一起談天，剛好提及我第一次的法名叫做「星給卻準」時，他們全部都笑成一團，後來才說：「那是男生的法名……」但是我仍然很喜歡這個名字，它對我的意義非凡。

就這樣開始了我與藏傳佛教的深密因緣。但是當時這個緣份只是個開始，還沒有馬上成熟，一直到後來的一個輾轉的機緣中，我到一家佛教機構工作，沒想到就此與佛教結下不解之緣，我的人生方向，像是走入了一道密境，從此開始我與他人完全不同的另類人生。

在這個工作中，我原本只是個行政工作人員，但是後來因為辦理佛教活動的相關事宜，又開始與西藏佛教的僧侶們，有很多的聯繫與互動。

接下來的那些年，我與藏傳佛教的機緣，越來越頻繁，越來越密集，我與藏傳佛教仁波切、僧眾們在一起互動的機會，甚至已經完全取代了我的平日交誼活動。曾經有一段期間，我的打扮、穿著、習慣、生活內容，都快要像個「阿尼」（藏傳佛教的女尼）。當時我是這般的投入，在一般人的眼中，我好像生活在另一個國度或說是一個象牙塔內。

直到現在，我逐漸地「褪盡鉛華」，生命開始轉向另一個階段。

但是我仍然感謝那段歷程，當時的天真、執著與顛傻的付出，熱情與奮不顧身的投入，讓我結下了很多的善緣。這些善緣給了我很多的福分與很大的修行動力，但同時好似在冥冥之中，也安排著我面對未來更多奇特的經歷與挑戰。

在藏傳佛教給一般人的印象之中，最明顯的就是佛菩薩、本尊、護法等的形象，琳瑯滿目，不僅種類多，形象也很多樣。更特別的是，還有各種忿怒、恐怖甚至怪異的形象，諸如：青面獠牙、臉上三隻眼目，身體赤裸、披掛獸皮虎裙，還有雙身像等等。其實，在藏傳佛教中，這些表徵都有其內在的義意。若是對藏傳佛教缺乏正確的認識和了解，有些人會感到驚恐，甚至認為那是邪教之類。其實，藏傳佛教同屬於大乘佛教，一切的修法都必須具足慈悲、智慧、禪定等，皆是共學。

在藏傳佛教中有四大教派，我皆親近薰習，也尊重每一個傳承教派，

因為一切的教法，皆是為了幫助我們得到究竟的智慧，來得到解脫。就如同佛陀所曾經開示：八萬四千法門的設立，是因為一切眾生的根器因緣不同所致。在諸多的上師本尊中，我心中特別地親近「蓮花生大士」，他是西藏密宗的開宗祖師，他的事蹟如同神話一般地廣大非凡，而他所傳的教法卻是那般深奧而殊勝。

他同時具足了世間（世俗）與出世間（精神、心靈）上的成就，在我的生命歷程中，蓮師的教法與加持，對我有相當深刻的影響。在 1995 年，我在台灣策畫了《蓮花生大士祈請文集》和《蓮花生大士全傳》的出版，全套六冊，隨後我走訪了蓮師在西藏所建造的「桑耶寺」，造訪過許多蓮師在西藏、尼泊爾、印度、錫金、不丹等地的聖跡，我追逐著他的行履。最終希望自己能如同他一般，擁有證悟的心性，以及彩虹般的身影。

用出版傳遞幸福

在我人生中，閱讀是一件幸福的事情，透過閱讀，有時打開了另一個生命的視野，有時獲得千金難買的智慧，有時能在困頓時獲得激勵和增

上的能量。

走入出版業，也是我人生中的一個意外，尤其是一家佛教的出版社。

在 25 年前的台灣，佛教書籍的出版並不是那麼普及，佛書的流通大部分止於助附印的型態為多，很多人的觀念甚至認為：佛書都是免費的。

但是經過多時的觀察之後，會發現許多助附印的書籍，在一段時間後，就消失不見了，再也找不到那本書。但是，透過出版的型態以及市場流通的機制，可以將佛書的品質和內容做得更扎實，同時也方便讀者在書店中找到適合他們的心靈書籍。諸如此些因素，再加上我個人也很喜好閱讀，為了傳遞佛法——這最幸福的心靈能量，於是，在 1994 年，我成為全佛文化出版社的社長，開始這份生命中的志業。

為什麼取名「全佛」？這名字所要表彰的意義就是：「每一個眾生，都是圓滿的佛陀。」而出版這些佛書的最重要目的，其實就是希望幫助讀者，透過閱讀（聞）來正確思維（思），然後正確的實踐（修），最後能開啟自己本有的智慧光明（果）。「全佛」這個名稱，最初始是由洪啟嵩老師所提出，他說過一句話：「佛境菩薩行。」認為所有的生命都具足清淨的覺性，在佛的眼中，一切眾生都是佛，依此而成「全佛」。在這樣的理念下，佛教的出版品，於是一本一本的誕生，從佛教經典、佛法修持、佛教小百科等各類的叢書，以及有關藏傳佛教的出版品。即使出版過程艱辛，卻也無形中不斷地磨練著自己心性。

我將這份工作，當作生命中的志業，全心地投入，從無到有，從還是要手工完稿的出版流程，到現在數位化完成印刷。曾經，在刮風下雨中，往返送回設計好的完稿封面；在深夜裡挑燈夜戰地趕稿至隔日清晨；舉凡所有瑣碎的行政事物，到發想企畫新的出版品；網羅優秀的作者到籌組編輯的團隊，這些辛苦的點滴，也逐漸成為我生命中的醍醐。

曾經有一次，我要遠行到印度錫金去拜會一位上師，事先已知道在某些路途上的道路很差，前一段時間還曾經出過車禍意外。在我抵達桃園出境機場的時候，心中總覺得有個掛念，心想：生命無常，若是有個意

外也是業力所致，但是這個佛陀法身慧命所交付的出版事業，如果我臨時消失了，該如何是好？

於是，我到機場內的保險公司櫃台，買了一個意外保險，其中一份受益人寫上我父母的名字，總要回饋養育之恩；另一份受益人寫上全佛出版公司的名字，只是當時保險公司拒絕接受「公司」為保險受益人，於是我就改成我妹妹的名字，還打電話去叮嚀說，萬一這個意外險成真，可要把這個錢交給全佛出版社，心裡天真地想道：這樣至少可以支撐一段時間來做交接處理的工作。

我真的是以這樣一份憨傻的真心，來面對佛教出版的這份工作。我期望透過這一本本傳遞幸福能量的好書，在台灣茁壯蔓延，讓更多追求心靈成長的讀者，多一份與智慧交會的機會。

改變我人生的另一個事件

因為與藏傳佛教的因緣，無論是為了弘法還是要護持僧眾的需要，我舉辦過很多場大大小小的法會，而在這些法會活動當中，最特別盛大的一次，應該就是 2008 年的格薩爾宗教文化藝術特展。

「格薩爾」到底是誰？他是個什麼樣的菩薩、本尊或是守護神？

「格薩爾」是藏文的音譯（英文譯音 gesar，中文有翻譯為：給薩、格薩爾等），在藏文字典中，它的原意是「花蕊」的意思。後來「格薩爾」這個名稱，在藏傳佛教中成為一位非常有名的戰神、守護神的名字，甚至有說是蓮花生大士所化現的本尊等等。在台灣，藏傳佛教的信眾將他視為財神，修持他可以得到財富的庇祐以及長壽的加持。而大部分的西藏修持者，則將他視為運勢的本尊，凡是做生意、求財富、遠行、考試等，甚至在古代打仗之時，也會修持格薩爾法，來求取勝利。

關於「格薩爾」是否真有其人？什麼年代的人？出生在何處？其實眾說紛紜，但是在西藏文學中「格薩爾史詩」被列為世界最長的史詩之後，格薩爾的研究在中國大陸變成藏學中的熱門顯學，如雨後春筍般，各個藏學中心、科系、甚或研究單位，都將格薩爾的研究列為重點。

但是我接觸格薩爾的因緣，卻是因為宗教信仰的因素而起。這又跟我所深深仰信的蓮花生大士有深切關係，因為在所謂的「佛教末法時期」（佛教認為那是最惡劣的年代，眾生的煩惱和貪嗔痴很深重，相對痛苦和障礙也很多的年代），蓮花生大士悲憫眾生，因應時代因緣，所特別顯現的一個化身，名為「格薩爾」。

首先，他是佛法的守護者，也被視為佛教的大護法；第二，他是為了利益那些福報淺薄、窮苦的眾生，幫助它們擺脫貧困之境，作為接引他們的一種方便教化，所以又被視為財神，同時也是長壽的本尊。第三，由於格薩爾本身在過去生的故事中，是一位戰無不捷、攻無不克的戰神，在世間，他代表著幸運尊、運勢本尊，同時也能將衰敗運勢轉為昌旺運勢的轉運本尊。

我兩次親訪格薩爾在藏區的出生地，耳中聽聞著他的神話事蹟，腳上踏著他曾經留下戰役功勳的草地，呼吸著那遼闊高原曾經萬馬奔騰的氣息，和人們對他的虔誠祈請。

「格薩爾！勝利！」那些高原上騎著壯馬呼嘯而過的勇士們，齊發出

2008 年 2 月，馬英九總統與王金平院長蒞臨格薩爾大法會。（最右為作者）

這樣吆喝聲。在當時，你真的會感受到一種強大的威勢——格薩爾就跟你在一起。

其實「格薩爾」代表著一種悲智勇「力量」的特質，在現代，人性貪嗔痴的力量很強烈，換言之，在未來要承受的業力果報也會很巨大。格薩爾代表著一種旺盛的戰鬥力、一種生生不息的活力泉源，這種戰鬥力面對著是自身的煩惱仇敵，他的活力泉源則是一種開啟自身本具智慧、福德的一種強大能量。在這個混亂的世代，我們很需要這股勇氣堅定、克服萬難的運勢力量，這也是我在台灣籌辦這場格薩爾大法會的初衷。

就因為這個信念，所以一切的事情就開始發生：遠在藏區海拔四千多的 90 尊格薩爾石雕群，花了半年多繪製的 5 公尺大的格薩爾大唐卡，還有在藏區的寺院中，用傳統工藝以層層的紙所製作完成的三十幾幅格薩爾以及將領的面具，全部被加持祝福地運送到台灣來。最後還耗費鉅資、動員上百人力，舉辦一場盛大的 5 天格薩爾大法會活動，為台灣祈福。同時修法的時間點，就選在鼠年（12 年之首）的新春期間。

有時回想起來，這整個過程真是無法想像的艱辛，更是不可思議的峰迴路轉，而台灣還真的是大福德之地，這麼多、這麼好的福德因緣，能夠全部一起發生在這個地方。

格薩爾的信仰遍及了中國西藏、青海、雲南、錫金、不丹以及喜馬拉雅等區。而正待我忙碌完這場格薩爾盛大的法會後，沒想到，悄悄地，蓮師與格薩爾正醞釀、安排著另一個因緣，帶領我走向不丹……

2

我與不丹的因緣

原來　　這一切
都是　蓮花生　出的因緣
於是　我化作一隻飛虎
奔向　山的頂端　彩虹的盡頭

不丹　我來了
就算是歷經千山萬水　闊別百劫千歲
帶著　對你的承諾　相約的誓言
即使歷盡滄桑的面容　我依舊可以識得
你曾擁有的風華與壯麗的故事

雪山女與多聞天的愛情神話
神山與聖湖的纏綿對談　依稀迴蕩耳際
我和你　之間
在第一次相見　即　永世鍾情

初識──歸鄉的情懷

　　西元 2000 年，千禧年的第一個月份，我初次踏上不丹的土地上──這塊人們口中傳頌的香格里拉、世外桃源，同時也是大乘佛教、密教聖者所加持的祕密聖地。

　　搭乘唯一的一家飛往不丹機場的航空公司──不丹航空，就當飛機準備要抵達機場，在海拔四、五千公尺的山谷中，機師熟練地航向降落的跑道，就在那個片刻，我心中卻有種莫名的悸動，一種熟識又遙遠的記憶，彷彿將我帶入另一個時空，不禁讓溫熱的淚水，落在我手上蓮花生大士祈請文的法本上……

　　心中輕輕地浮出個念頭：「我回來了。」

　　這是我第一次抵達不丹，一月的不丹，冷冽冽的溫度，一顆暖和和的心。

　　第二次 2002 年，我再度拜訪不丹，那一趟最主要的目的，其實是去拜訪一位具德的上師──吐賽仁波切，他在不丹被視為一位偉大伏藏師貝瑪林巴的「意化身」。

七年後的重逢──第三次造訪不丹

不丹有些變了……相較於我過去的印象中
但是　心中期待、以及曾經存在的美好
彷如再次與初戀情人相逢般
在生命的深層　永遠有股暖暖甜甜的親切滋味

冥冥之中的導引

2009 年的 3 月，我安排了一個考察團參訪不丹。那是我第三次抵達不丹。

為什麼安排考察團去不丹？最初始的想法，只是我希望在 2008 年「格薩爾大法會活動」之後，想再持續第二年的祈福法會活動。當時心中簡單而強烈的動機，認為：既然已經在台灣開展了這段與格薩爾主尊的因緣，希望他的福運與守護力量，可以永住在這塊養育我的台灣土地上。

心想：第二年的格薩爾祈福大法會之外，應該再加入一個重要的元素進來，而那時我心中浮出的第一個念頭是──不丹。

為什麼選擇不丹？因為在籌畫 2008 年格薩爾宗教文化藝術特展之時，我花了很多時間、精力，到處收集有關格薩爾的資料，採訪請教許多知名上師仁波切，從中我意外地得到一個很確定的訊息：不丹是全世界修持運勢神堡最多的國家，而且格薩爾跟他們有深切的因緣。

這個訊息，就像蓮師格薩爾在我心中與不丹之間，綁上一條不可思議的因緣絲線，從此，我如入了叢林中的饑渴旅人，發狂般地不斷去尋找、探索各種與不丹聯結的可能性。

考察團出發前，我已做好詳細的規畫和安排，並得到不丹官方的邀請，但卻在最關鍵的出發前兩天，出現狀況。好不容易成行的考察團，大家都百忙中抽空出來，所有的行程、機位都已經訂好，該如何是好？心急如焚的我，打了 n 通的電話溝通……難以想像。然而，就在預定

出發日的前一晚深夜，終於確定可以按時出發了。

真是無常，這就是世間相吧?!

受到這場意外的「驚嚇」後，為了祈求這趟不丹的考察之行，後續能夠順利圓滿，出發當天的早上，我特別邀請了一位佛教中心的堪布 Pe（他是不丹的僧人）前來我們的格薩爾佛殿修法祈福。當時，他說想要多帶一位他的同鄉好友堪布 Do，共同來為我們修法迴向，我很開心地回覆說：非常歡迎一道前來。

也沒有想到這場出發前的「意外」，也因此開展了同年 10 月我再次造訪不丹的意外因緣。

舊地重遊的歡欣

暌違近 7 年的歲月，我再度踏上這塊我熟悉的土地上。當飛機抵達巴羅國際機場上，天空一樣那般湛藍，3 月天的微涼空氣仍那般清新地讓人感動……

全國唯一也是很小的國際機場，機場的出入廳堂，它的外在建築竟像

是廟宇般莊嚴地佇立在巴羅山谷中，看到它，就知道——我在不丹了。

遠遠地，我看到一個好大的看板，上面是不丹王統的一百年誌慶，五位國王相貌威嚴地立於看板上，新任的第五世國王相貌更是英挺瀟灑。

當車輛開始駛向首都廷布市的路上，沿途的道路有些變寬了，當開始進入市區中心，我竟然看到筆直和很平坦的道路，路燈規則地佇立在道路的一旁，曾經有個片刻：我不知道我身處在不丹……

之後，我又開始看到不丹傳統的建築外觀，見到身穿「幗」的男子和身著簡素「琪拉」傳統服飾的女性，我開始又回神，是的，這裡是不丹。

不丹有些變了……相較於我過去的印象。但是，心中期待、以及曾經存在的美好，彷如再次與初戀情人相逢般，在生命的深層，永遠有股暖暖甜甜的親切滋味。

這趟考察行程非常順利。回台後，2009 年的格薩爾大法會活動，由於國際的金融風暴，那年的祈福法會沒有如預想中的計畫，與不丹宗教文化藝術活動連結；但是我們仍然於吉祥的 5 月份，在自己的佛堂中心，敦請了尊貴的上師楊丹仁波切，為我們修持了 5 天的格薩爾祈福法會。

這期間，我仍然沒有放棄未來繼續規畫不丹活動的事宜。一日，我想

起了那位不丹的堪布 Do，當時他留下一份他的個人資料，於是我順手打了通電話，邀請他過來談談不丹的活動。那天我們算是正式的照面談話，我還記得他當時送了我一份很「不丹」的禮物，一本用紅黃緞帶打成蝴蝶結繫著的小簿冊「Currency Notes of Bhutan」，裡面收集了七張不丹的紙幣，很精美別緻。

在五天格薩爾祈福法會中，由於人力微薄，讓大家忙得焦頭爛額。當時，堪布 Do 多次前來協助場地的布置，以及積極熱心地連繫結緣物品的製作，讓我甚為感動。而這仍然是因於蓮師格薩爾的機緣，在相續、連結所有的元素，走向不丹。

善緣成熟──2009 年的秋收季節

2009 年 10 月，我再次回到不丹。

這趟不丹之行，可以說是我歷次造訪不丹中，最具有特殊意義的一次。

在距離上次不丹之行才半年，同年的 10 月，為了要舉辦未來的格薩爾大法會活動，我想敦請一位不丹的高僧作為下次法會的主法上師，來舉辦一場獨特的不丹傳統祈福大法會，於是透過堪布 Do 的安排，我再次前往不丹。

就在我當天要搭機離台前，不丹那邊傳來了消息，告知我這次的行程中將與總理及不丹最高的宗教領袖傑堪布會面。

此行我不但拜會了不丹最重要的宗教領袖傑堪布（出世間、心靈上），以及現任國家最高總理（世間、世俗上），同時還與不丹具有代表性意義的重要人物會面。我不知道這其間代表了什麼含義，但是，要與這些身分和背景這樣特別的人見面，即便只是安排拜會其中的一位，都不是件很容易的事情；更何況我在一次的旅程中，全部與他們有一次匪淺的會面與交談，對於這一切的不可思議，我心中滿懷感激。

與文殊智慧相會──丹頂策旺仁波切

　　在這次抵達不丹的第一天晚上，行程中安排我將與丹頂策旺仁波切會面。他由其侍者所陪同，親自來到我下榻飯店內的貴賓廳中相會。

　　那一夜我印象很深刻。當仁波切的專車行駛到了門口，司機恭敬地開了車門讓仁坡切下車，我馬上迎上前去，獻上長條的八吉祥哈達，恭敬地彎下身向仁波切致禮：「姑蘇桑柏・拉（您好）！」仁波切隨即將我的哈達，披掛在我的頸上表示祝福。

　　丹頂仁波切在不丹的宗教領域上，有著崇高的地位。在不丹最高宗教領袖傑堪布之下，設有掌管法務的五大首長，這位仁波切就是其中的一位。雖然他的身分地位很高，但是為人卻是相當的謙遜和恭謹。先前我在台灣時就曾經從不丹的僧眾口中聽聞過他的名聲，說他是一位真正的 Monk，他的心是名副其實的 Monk，是一位非常好的修行者，同時他的學識也非常高。

　　我們初見面，但是與仁波切互動交流的感覺卻一點也沒有疏離感。他叫喚他的隨從拿來一個袋子，打開後裡面全是書籍，他把那十多本他的

著述（都是宗卡文跟藏文）全部送給我，並且對我說明這不是要顯耀他的學識，他知道我遠道而來，同時是位虔誠的佛教徒，他想將它們送給我，作為一種吉祥的緣起，希望我喜歡……

他甚至一本一本地拿出對我解說內容，我手上捧著這些書籍，心中有萬分的感動，對我而言，這真的是一份非常獨特而珍貴的禮物。同時他還送給我一幅手工精繪的蓮花生大士唐卡。

當時仁波切是那般自然地與我交談著，好似久別重逢般地親切。我忍不住對仁波切說道：希望與仁波切您的法緣永不分離，直至成佛……仁波切也同樣地應許了我這樣的祈願。

那一夜，我難以入眠……我把仁波切送給我的書籍，恭敬地放在桌上，還取出其中的一本書來翻閱。很難相信，我只是學過一點點的藏文，那晚我讀著一本他的著述，竟然看了快一個小時……這也許就是他智慧的加持吧！

我把我與他會面的這一晚，紀念為：與文殊智慧相會。

拜會夏宗法王的轉世——賈色滇津祖古仁波切

隔天清晨，我和堪布 Do 一同前往「馬頭佛學院」（Tango Buddhist college），它是不丹最高的佛教學府。車子從飯店出發，開了將近半小時的車程，終於抵達一處叢林，下了車沒有看到什麼寺院的影子，結果堪布 Do 說：要走一個小時的路程，才會到達佛學院。說完就向前方比了一個方向，於是我們開始沿著山路的小徑，一步一步地向上走去。

在海拔二千多公尺的山路上行走，開始感覺到有些喘，我這個從台灣去的「肉雞」，果然經不起考驗，走走停停地，沿途上還要小心一旁會

刺人的植物，狀似蓴 。那一次，我正停在小徑的一旁喘著氣，看到草叢間，那枝葉上長著小細毛的蓴 ，不禁好奇地去觸摸它一下，這一摸不得了，我叫了出聲，那好像被一支雷針刺到一般，痛得不得了！我急得一會兒擠手指，一會兒塗口水，還是很痛，只好忍耐等待疼痛慢慢消失。痛處沒有傷口或腫的痕跡，疼痛也逐漸消散，倒是那根手指的傷處感到麻麻的，一直到晚上。後來只要我到不丹的山區，看到這種植物，就會馬上對它們敬而遠之。

到了寺院，看到身穿紅色僧服的僧眾們，穿梭在廟宇間。我們走向一旁另一個獨立的屋舍，原來這位備受尊崇的夏宗法王的轉世仁波切，就安住在這裡。這位十幾歲的轉世上師——賈色滇津祖古仁波切，是目前不丹所認證的夏宗法王的轉世。夏宗法王是 17 世紀統一不丹者，他如同是不丹的國父，也是不丹人民的精神堡壘，沒有他就沒有今日的不丹，同時人民也相信，夏宗法王的轉世，會繼續來利益不丹的子民。

走入拜會這位仁波切的房間，這位少年容顏的轉世上師，安坐在法座上，他年輕溫和的臉上帶著一副眼鏡，我們依照佛教的傳統禮儀向他致敬，同時請求他口傳一段經文，並親授皈依文。

會面結束後，已近午膳時分。仁波切特別交代留下來用午膳，一份簡單的飯菜和酥奶茶，所領受到的卻是一份來自三百多年前——一位聖者夏宗仁波切的殊勝加持。

喜赴慈悲的晚宴——桑給多傑仁波切

這一個晚上，夜空明淨，剛好是農曆的初一，又是一個好的起點。這頓晚宴中，我要去拜會一位卸任的宗教節慶部首長——桑給多傑仁波切。他平日住在山上的寺廟內禪修，偶爾也會來到他最疼愛的姪女家中居住，他的姪女 Choten 後來成為我的好朋友，屢次到不丹辦事，她都熱心地給予我很多協助。

在虎穴寺對面的女性大成就者移喜措加佛母的閉關洞穴旁,與桑給多傑仁波切相會。仁波切慈祥和善,對我始終如同家人般的關懷與呵護。

第一次見到仁波切時,我穿著著不丹的傳統服飾,仁波切見到我的剎那,還以為我是不丹人。依照不丹的佛教傳統禮儀,我一樣畢恭畢敬地獻上潔白的哈達,仁波切見到我很開心地跟我聊起來,並提及十多年前曾經到過台灣,對台灣的印象很好,只可惜那時停留的時間很短。

我一如往昔,總是要請教仁波切有關於「格薩爾」的事情。仁波切不疾不徐地說道:「在過去,第一世國王被推舉為不丹的國王之後,他詢問當時高僧,如何才能讓國家長治久安,保衛不丹以免外患的侵襲?這位上師給了他一個答覆:可以修持格薩爾法門,向格薩爾祈請。」

仁波切接著說:「一般人都認為格薩爾是戰神,是要征服、消滅敵人的,他確實有這樣的大威德力。但是,也要認清一點,格薩爾最終要消滅的是我們自身的煩惱敵。所以格薩爾戰神的功德,向內比向外更為重要。」

我心若有所悟,確實,無論格薩爾被視為戰神、財神或是最強的運勢本尊,其實創造這一切福德的根源,還是來自於我們的心。心的動機正確,心的力量可以強而有力地展現出來。有句諺語說:「仁者無敵。」

也是這樣的意涵。福德具足，所願才容易成辦，無論世俗或是修行，最終還要回歸到我們的心性。

接著，我將 2008 年所辦的那場格薩爾宗教文化藝術特展，以及法會的盛況，向仁波切解說，並且展示相關的照片與紀錄。仁波切身為前宗教節慶部會的首長，對於台灣 200 年格薩爾活動的盛會，深表讚歎，說道：這樣的人、地、時、物的因緣聚合，即便是國家之力，或是龐大的金錢，也不必然可以完成。

我向仁波切表達，如果有機會，希望邀請他到台灣為我們主持一場不丹式的祈福大法會活動，並展示了我所收集的圖片——一座將近三層樓高的神堡，那是不丹一種非常特別的祈福法會。

這種不丹所特有的祈福法會儀式，最大規模者是每十幾年會由國家舉辦一次，較小型者各區域也會 2、3 年舉辦一次。舉辦此法會，在不丹當地皆屬大事，非常隆重盛大，主要作用是為國家、皇室平安昌盛祈福，同時也為全民的安康富庶祈福。在圍繞著高聳神堡的周圍台座上，由祈福者供養各式各樣的供品，舉凡水果、餅乾、布料、飲食等物品，任何心所喜之物，皆可以供養；供養東西的珍貴與否並不一定，量力而為，重要的是一份虔誠的心意，透過這樣供養，得到主尊的護佑。等到大法會結束後，修法上師會將這些得到佛菩薩加持的供物，再分送給大家，將供品攜回使用或食用，以祈求闔家平安豐收。

當我向他說明原因、動機，未來若能募集到法會的資金，希望透過這樣的修法，讓台灣所有民眾和生靈，都得到福佑和加持，尤其近幾年來地球的環境變化很大，眾生深受其苦，我知道這種修法有很大的消災祈福力量，而仁波切過去曾為宗教祈福節慶的首長，沒有人比他更適合來主持這場法會，因此邀請他務必前來台灣親自主持這場盛大的法會。他聽後，非常歡喜地承諾我：「妳有很好的善心、善願，我很歡喜，妳放心，我一定會去的！很高興妳來邀請我，我才有因緣到不同的國度去利益眾生，如果只留在不丹，我只能渡化這裡的眾生。」這位仁慈的長者

位於虎穴寺對面，是蓮師的心子移喜措嘉佛母曾經在此閉關過的聖地，後人在此陡峭的懸崖上，建造了一座小寺廟。

理聽完隨後對我說了一個故事。

在過去，曾經有這樣一個傳說：「不丹的第一世國王是格薩爾的化現。」這故事是這樣的，在不丹第一世國王當時，有一次他派遣了一批使者前去西藏要迎請一位高僧前來不丹，當這批使臣們抵達西藏的寺院後，拜見了高僧，獻上珍貴的供養，表明國王的意旨，希望迎請高僧駕臨不丹皇宮。高僧回答說：「你們可知道你們的國王已經過世了？」使臣們非常驚訝地說：「尊貴的上師，這怎麼可能，我們才剛領受國王的命令，抵此來恭請您前去不丹呢！」

高僧回答說：「我昨夜在夢境之中，看見你們的國王如同格薩爾的裝扮，乘坐著一匹紅馬，前去香巴拉王國去了。」使臣們聽完非常的驚愕，隨即趕回不丹，證實了高僧所言。因此後來就有了這個傳說，第一世國王是格薩爾的化身。

我聽完總理所說的這個故事，心中生起一陣歡喜，終於我又多了一條線索，這個故事，將格薩爾與不丹的因緣又更加深了一層。

接著，我向總理請教說：「我從許多的書籍以及報章雜誌的報導中得知「GNH」（Gross National Happiness），是不丹非常重要的立國政策。據我所知，這個政策概念的創始者是不丹第四任的國王（吉美星給汪楚克），而您卻在這個政策推行中，扮演很重要的角色，能不能請您與我分享一下您的想法？」

他很和善並且十分有條理地對我解說。

就這樣，我與總理在第一次的會面中，於他會客的貴賓廳中，竟然這樣談了近一個小時。看著他對國家的熱忱、守護的信念與堅持，這位身為不丹第一任的民選總理，一位國家的領導者，我心中對他不禁生起一股敬意與尊崇。心中同時想著：佛經中所言，菩薩在過去生中修行菩薩行，為了利益眾生，最常示現的形象與作為之一就是國王以及領導者。的確，身為廣大群眾的領導者，發大悲願心，要引領大眾，走向康莊的樂土；這過程有各種不同的挑戰、磨難、困苦，還要承擔不得已、不圓

The first democratically elected Prime Minister, Lyonchen Jigmi Y. Thinley, winning the trust and esteem from the people, is the paragon for the beginning of Bhutan's democracy.

第一任的民選總理（吉美・聽列）深得民心，是不丹民主政治開始的很好典範。

（筆者與總理合影）

滿中的果報,但是這一切的一切,不也同時在歷練著我們的智慧與菩提之心嗎?使我們更快抵達解脫的彼岸。

　　離去時,總理送了我一件禮物,一本書:《100 Years of Monarcht》。再度親切地握住我的手告別。但是當時我萬萬沒有想到:我們的「第一次見面」,僅僅才是個開始,接連下來的是一連串「台灣+不丹」的故事⋯⋯

◈ TIPS 　　**薩爾克大樓(SAARC Building)**

這棟充滿不丹傳統建築特色的 SAARC 大樓,始建於 1990 年代之前,它與札西卻宗(即國王與傑堪布的駐紮地)隔河相望。1993 年,不丹的國民大會(National Assembly)機構即遷移至此。

當時不丹建造 SAARC 這棟傳統建築,其最主要的目的,是為了將來舉辦 SAARC 會議所準備的地方。直至 2010 年 4 月,不丹國第一次主辦 SSARC 的領袖會議,在第一任民選總理吉美·聽列的領導下,整個領袖會議進行非常順利成功。

SAARC(South Asian Association for Regional Cooperation -- 簡稱 SAARC),即「南亞區域合作聯盟」,簡稱「南盟」,是南亞國家為加強經濟、社會、文化和科技領域內的相互合作,而成立的一個非政治性集團組織。南盟包括不丹、孟加拉、印度、馬爾代夫、斯里蘭卡、尼泊爾、巴基斯坦和阿富汗等八國阿富汗(阿富汗於 2005 年加入,成為新成員),成員國總人口達 15 億。

1985 年 12 月,當時 7 國領導人在孟加拉首都達卡舉行第一屆領袖會議,南亞區域合作聯盟正式成立。南盟首腦會議原則上每年舉行一次,並由會員國輪流主辦。

離開不丹的那一天清晨，陽光依舊燦爛。

堪布 Do 送我到機場。這次的行程在他的守護之下，一切非常的順利。

我臨行之際，坐在機場的大廳中，等待行李通關。堪布 Do 跑到一個櫃台上，拿了一份表格過來給我，對我說道：「這是不丹的入境表格，妳帶著回去，作為一個好兆頭，下次妳還要再回到不丹來……」

我默然地收下這份表格，放入我的皮夾裡。話哽在喉中，霎時說不出來……

回想著這趟旅程的所有過程，所有造訪的人、事、物，那些親切的臉孔，剎時間全部湧上腦海……

我心中吶喊著：「不丹，我當然一定還會再回來，一定還會再回來！」

從不丹回到台灣，就如同從美麗夢境中醒過來一般，開始投入一天又一天的忙碌生活。我多麼企盼回在那幽谷祕境中，如同孩子回到母親懷中，享受那懷抱中自在、溫馨的歸宿。

每至結束一天繁忙的工作，塵世中紛紛擾擾的事務中，午夜夢迴之際，我常會想到不丹，想到那些帶給我幸福能量的臉孔……

2010 台灣和不丹的故事

不丹總理授權，參與台北國際花博

回到台灣來，除了原有的出版工作，還要忙碌於規畫能在台灣舉辦一場不丹式的祈福大法會活動──「強納基對」。那是我在照片上看過，不丹一種非常特別的祈福大法會，那種修法需要搭建一座約將近三層樓高的祈福神堡，還必須要具足一定人數的僧侶和一位修行很高的上師。

而那時台北市正沸沸洋洋地在準備台灣第一次獲得授權舉辦的國際花卉博覽會。當時對台北花博並沒有特別的印象，只是常會在大街小巷看到 2010 台北花卉博覽會的宣傳品。

那一天，要去拜訪朝陽科技大學的王桂沰教授，他是知名的視覺設計專家，長期擔任山月協會的顧問，長久來他也一直默默地支持著我們，舉凡許多宣傳設計與創意的發想，都有他的協助與指導。我向他說明未來有關不丹祈福法會的規畫種種，他突然福至心靈地說：「既然妳與不丹的關係如此密切，而不丹又是一個如此有特色的國家，自然生態也聞名於世，何不促成台灣與不丹的交流，讓不丹參與 2010 年台北國際花卉博覽會，同時也結合你的不丹祈福活動……」

就這樣的一段話，讓我下定決心要來積極籌辦這件盛事。

只是，一切事情的計畫都趕不上變化，這場祈福大法會活動在 2010 年沒有辦成，倒是不丹總理親自簽署公文授權山月協會，代表不丹參與這場台灣第一次的國際花卉博覽會。在台北市的美術館區中，不丹的幸福藥師庭園，成為花博的世界花園中的一個非常醒目的庭園。舉凡它的不丹傳統建築特色，淋漓盡致地顯現在藥師佛亭上，遠從不丹跨洋而來的藥師佛佛像，莊嚴地安坐在佛亭的中央，一旁的傳統不丹佛塔，莊嚴穩固地佇立著，無言地傳送著遠從不丹來的祝福。

整個不丹藥師庭園的工程，從不丹建築師的草稿藍圖開始，其間透過密集的視訊與電話溝通，結合台灣的建築與花藝團隊的共同努力。這是

台灣的第一次，也是台灣與不丹的第一次，是不丹與台灣兩者的努力，所共同搭建的幸福庭園。對我而言，這也是我生命中很特殊的一次經歷，它激發出我所有的身心潛能，只是為了要完成這一項承諾——總理對我的信任交付。

完成整個不丹花博庭園的工程，比想像中的還要複雜與艱辛。很幸運的是：有許多貴人們，在這個過程中出現，讓我在一次一次的難關來臨時，也一項一項克服。

最終，不丹藥師庭園終於建造完成，不但獲得很多遊客驚艷的目光，也獲得不丹總理歡喜滿意的笑容。同時，在每日眾多遊客的朝禮，藥師佛的加持也無形中注入在每個有緣的遊客心中，這份遠自不丹的幸福能量，從此在台灣擴散增長。

協助大塊文化帶回不丹的幸福芬芳

在台灣，對不丹的印象一直停留在偉玲（梁朝偉、劉嘉玲）婚禮，為了替2010年11月開幕的花博不丹館暖身，於是我開始策畫相關的活動。

大塊文化董事長郝明義先生在得知我們協會代表不丹參與這次的花博盛會後，發起了一個創想：既然在不丹花博中無法將不丹花草的芬芳親自帶到台灣來，何不讓我們就親自到不丹一趟，將不丹的幸福芬芳收錄於書中、注入於精油裡，讓它們在不丹花博開幕之時，共同與大眾分享呢！

就這樣一個創意的發想，我們組了一個團隊前往不丹，一方面與不丹官方在花草植物相關的部門進行交流，提供資料；另一方面，我們沿途收集可納入作為芳香精油的材料。

就這樣，我們動身到不丹去了！

在2011年5月，那是不丹旅遊的旺季，也是最美的季節。由於我每次到不丹的時間不同，這次我拜訪不丹，首次看到普那卡宗最美最夢幻的的藍花楹，那時藍紫色的小花布滿枝頭、遍布綠色的草地上，遠而望

之，恍如在藍紫色的夢境中，空氣中飄著淡雅的氣息，風吹動起僧侶們的袈裟，紅色的僧服在普那卡宗白色的石牆上，宛如火鳥般地飛揚……

這次的行程非常地順利，我們還遠道去到了聞名的「不丹檸檬草」的故鄉——蒙卡。

沿途經過不丹的十大國家公園之一「通新拉國家公園」，這次我附帶要去協助一件事情：台灣的雪壩國家公園在 2009 年與不丹的兩座國家公園，已經簽署了合作交流的協定，希望能於未來進行實際的交流，彼此能派遣專業的研究人員進行實地的考察研究。但是這個過程，後來並不順利，因為一直無法聯繫上不丹負責的處長，他們知道我此次要帶考察團去不丹，因此特別請我代為聯繫。我得知這樣的狀況，表示很樂意來協助溝通。

得到官方農林部門的協助，我很快地與不丹通新拉國家公園的負責人取得聯繫。原來通新拉國家公園的負責主管已經調離開原單位，而新任的主管才就任沒多久，再加上通新拉位處海拔三千多公尺，網際網路的通訊必須要到城鎮上才能使用，因此雙方這就這樣失去聯繫。見到新的處長，表達了台灣雪霸國家公園的問候之意，希望能快速取得聯繫的方

蒙卡是不丹檸檬草的故鄉，這裡的專業研究員正為我們詳細解說園區內的藥草植物。

式，來達成未來彼此在自然生態、環境保護等各個面向的經驗交流。總算不負所託，完成這個聯繫台灣與不丹國家公園的任務。

協助《VOGUE》雜誌遠赴不丹專題拍攝

在全球各地，《VOGUE》雜誌被設計師、作家和藝術家推崇為風格與時尚的權威。

在某個週末的下午茶中，我與現今台灣《VOGUE》雜誌的吳勝天總監和其好友，一邊享用著茶香，一邊與他們分享不丹的風情照片，並且說明未來的台北國際花卉博覽會中，會有一個不丹的幸福庭園。

就在閒談之中，吳總監說道：「不丹真的是我很喜歡的一個地方，只是目前我個人還沒有機緣可以去。但是，我很希望有機會在台灣的《VOGUE》雜誌中，做一個與不丹相關的主題。我很想將不丹這樣人間淨土的幸福氛圍與時尚結合在一起……」

在乍聽之下，還真的覺得有點衝突的感覺。一個遙遠的喜馬拉雅山旁的靜謐國度，與凡間華麗炫惑的時尚，當兩者相遇、交融，會產生什麼樣的激盪？但是慢慢地，又發覺這真的是一個創意的發想。

就這樣，在他向公司全力的爭取、推動下，請我協助規畫一趟行程，帶領著這樣一個時尚團隊，專業模特兒、攝影師、主編等一行五人，前往遙遠的國度，做了一個秋冬時尚服裝的取景攝影。

那是我一次很特殊的經驗，長久來我所接觸往來的團體，以宗教、文化為主，這次竟然與一組時尚團隊一同出發到不丹。這次的行程前後加起來只有4天，是我多次去不丹中，每日行程最緊湊、最密集的一次，但是也是生命經驗很特別的一次。

八月中的不丹，正是雨季時節。但是很幸運的，在這四天的拍攝過程中，天氣竟然很好，白天的時間都沒有下雨，甚至還艷陽高照。

那一次，我們住在不丹頂級的五星級飯店阿曼旅館。白天的時間，大家都在外頭敬業地忙碌工作，無暇享受這幸福國度中舒適的時光，只待

天色暗了，攝影師無法再利用自然光線取景，才打道回府回到舒適的飯店中。

模特兒小華是個很甜美的女孩，才 22 歲，可是她卻對我說，這樣的年紀在模特兒界中，年紀算是很大的了。我們兩人就同住一房。她的心單純可愛，拍攝時，有時在烈日下，她身穿著厚厚的秋冬時尚服飾，配合著攝影師的要求，擺著各種的姿勢與表情，常常一個畫面要花好長的時間，我在一旁有點不忍，鼓勵她說：「加油喔！想像你就是不丹的天女，要呈現給人們最美麗幸福的畫面。」再怎麼累，她總回給我一抹很美的微笑。

浩浩蕩蕩的拍攝隊伍，讓當地的老老少少感到非常新鮮好奇，圍在一旁觀看，也有一些小喇嘛偷看著。有時為了配合畫面，會請當地人入鏡拍照，不過他們很害羞。

那一天，我們到普那卡宗去拍攝，在拍攝一個鏡頭時，攝影師覺得畫面上顯得太空，希望有個小喇嘛可以入鏡，於是我們才回頭開始找人，一旁的兩個小喇嘛一溜眼就不見了。攝影師只好請不丹的導遊充當模特兒來協助。導遊圓潤潤的臉龐，看來甚是親切，搭配著他身上的不丹傳統服飾，整個人看起來十分的喜感。

他在一旁配合著轉動大轉經輪，口中還喃喃地發出：「嗡嘛尼貝昧吽……」我們在一旁看著那個畫面，都忍不住要笑出來！

攝影師拍了幾張後，就叮嚀他說：「你的表情要自然，不可以笑。」於是，他又再認真地轉動著大經輪，並順著轉繞了好幾圈。

攝影師又停下來，說：「你不可以笑，這樣畫面不自然。」於是，一旁的我們忍不住七嘴八舌地跟他解釋，並且要他就像平常一樣。

在幾次後，他終於忍不住地迸出一句話：「No smiling is very difficult！（不微笑，是很困難的。）」當場大家笑成一團。其實，他就是長得那樣的一張笑臉。在不丹，不微笑很困難——「No smile is very difficult」或許真的可以作為不丹的寫照呢！

圖片來源：2010 年 11 月份 Vogue 時尚雜誌

在巴羅宗攝影的那一天，拍了好多個鏡頭，其中還包括模特兒在金剛面具舞中的畫面。拍攝結束後，正當我們要搭車離去，天邊竟然現出雙道彩虹，高掛在藍天中，這是我第一次在不丹看到雙道彩虹。在不丹，這是極為祥瑞的吉兆。一直到我們回到市鎮中去採買物品，那彩虹仍然微微地在天邊綻放著。

這三天很快就結束了，就在我們要離開阿曼飯店的那一天上午，飯店很貼心地安排了一位僧侶在門口旁，為我們每個人祈福，同時送給我們每個人一條吉祥護身的金剛結與祝福的小布袋，小布袋裡是一塊用不丹手工紙包裝著的小甜點。

就當我們的行李依序地送上車內準備離去，這時天空飄下了細細的小雨。在不丹人的習俗中，這是很吉祥的徵兆，代表的是佛菩薩天神眾賜與加持的「花雨」。

我送他們一行人到不丹的巴羅機場，看著他們順利地登上飛機，而我則繼續留下來，進行另一個任務：去晉見總理，並報告台北花博不丹館的進度，以及9月份台灣第一個GNH幸福力考察團來訪不丹的相關事宜。

台灣不丹 GNH 幸福力考察首發團

回到台灣，不丹花博的前置作業正緊鑼密鼓地進行中，而同時我卻還要策畫著9月份一個非常獨特的專家考察團——「台灣 ‧ 不丹 GNH 幸福力考察團」，遠赴不丹。

提到 GNH（國家幸福指數、國家幸福力，Gross National Happiness）是不丹非常獨特於其他國家的立國政策。相較於先進國家以無窮盡地追求國內的 GDP（國內生產毛額，Gross Domestic Product）、以經濟成長

為目標而言，不丹追求的是國家人民的幸福指數。許多人也許因此而認為：「那就是不追求經濟成長了嗎？」其實並不然。我們反過來問一個切身的問題：經濟成長的目的是為什麼？我們每天生活努力地工作、賺錢的基本目的是什麼？答案應該都是為了擁有安穩舒適的幸福生活。若是為了賺錢而失去幸福，那就與我們的初衷相違了。不丹人認為，經濟成長最重要的目的，就是要得到幸福，所以除了物質條件要得到滿足，精神層面當然也要得到平衡。

2006 年 7 月英國萊斯特大學所公布的「世界快樂地圖」中，不丹的快樂指數在全球排名第八，亞洲排名第一。這樣的結果並不是空穴來風，也不是因為人民「無知」所造成的現象，這其中必然有我們可以學習與參考的地方。

於是，我在 2009 年 9 月籌組了一個到不丹考察 GNH 國家幸福力的考察團。這些考察團的成員，來自台灣的資深專家與學者，包括文化、經濟、農業、資訊、宗教等各領域的專家，他們對於幸福經濟、國家快樂力的論述與內容，相當認同，再加上對不丹這樣特殊的國度也很嚮往，想一探其究，於是在 9 月的初秋之際，帶著「台灣 ‧ 不丹 GNH

幸福力考察團」首發團，浩浩蕩蕩地前往不丹。

　　這 8 天的前 3 天，是總理親自指導規畫，滿滿的官方拜會行程，我們拜會十多位的重要部會首長，進行多方的交流，尤其在 GNH 國家幸福力的主題上，最後並與不丹總理會晤。大家對總理印象非常的深刻，對於他侃侃而談國家 GNH 的政策方向，與國際社會目前面對未來的想法，各位專家學者也與他進行交流，這場大家共同為「幸福」而聚的盛會，也悄然醞釀著下一波的活動，即「台灣 ‧ 不丹快樂經濟論壇」的國際性會議。

　　在這次 GNH 國家幸福力的交流考察，激盪出追求幸福的火花，而台灣也首次對不丹的「國民幸福指數」由上至下、由政府官員到平民百姓，進行深入而完整的探索。這些來自各專業領域的專家學者們，深受 GNH 政策感動，也熱情地向總理表示，希望未來有更多交流的機會，將 GNH 的施行理念引介至台灣。

　　此外，在不丹考察期間，我們還參訪許多不丹重要的古蹟寺院，並在其內一同打坐、禪修。在旅程中，無論是在與官方參訪的行程或是晚餐放鬆的閒聊時刻，往往因為成員的專業領域或是觀察面向的不同，產生許多經典的論談與對辯，甚是有趣，我也從這過程中，受益良多。

　　同行的《商業周刊》王文靜執行長說：「在不丹，真的還是可以領受到那份感動。」《商業周刊》榮譽發行人金惟純先生說道：「不丹小國寡民，GNH 的四大人生價值，人民與政府相互信賴，舉國上下都在實踐，值得全世界學習。而台灣與不丹面積相仿，在諸多資源上，比不丹更優渥；台灣的人民善良淳樸，有極大的潛力發展國家幸福力。」

　　而禪學大師洪啟嵩先生認為：「不丹推動 GNH 政策的精神，強調身

心的和諧，精神與物質的均衡，與佛法所講求的中道精神相符。」我們在面會總理之時，他特別將所著作的《菩薩經濟學》的新書英文版，送給總理，總理非常歡喜。

在旅途中，國營會陳昭義副主委如同是專業的攝影師一般，沿途的奇花異草、明媚風光都難逃他的法眼，盡入他的鏡頭。

有一天，發生一件小趣事。由於9月份正好是不丹松茸盛產的時節，松茸在日本料理中，可是一道多珍貴的食材，即使是在台灣，可也要花好多錢，才能吃到那頓美食。我們聽到這個大好消息，紛紛表示要好好大快朵頤，大家心中盤算著，好好地把它吃一頓，肯定把機票的錢都賺回來了。於是，我趕緊請託不丹隨行接待的官員，到市場上去買了好多的松茸回來，晚上時，請廚房炒了一大盤，大家開心地吃一頓。

旅途中，還有一個很特別的經驗。那一天下午，我們要到不丹的鄉野間，去朝禮一座很莊嚴獨特的佛塔，它就座落在山間的小山上。我們一行人，在不丹官員和僧侶的帶領下，就沿著稻田間的泥濘小徑，彎彎曲曲、迂迂迴迴的走上山路，終於抵達那座佛塔。這座佛塔很特別，裡面所供奉的主尊是普巴金剛，而且在第一層樓有一座非常壯觀的立體壇城，據說建蓋這座佛塔的主要目的是為了守衛國家。

我們登上佛塔的頂上，那裡的視野很開闊，從上鳥瞰不丹綠油油的稻田，層層山巒，蜿蜒河水，甚是美麗。大家在寺院的頂上，欣賞美景，靜心坐禪，沒多久，天色就變暗了，風也變得有些寒涼。佛塔裡的僧侶很熱心地，帶來了熱熱的奶茶和餅乾，一一地那遞給我們。經過下午那近一小時的「健行」，加上夜間溫度變低，當喝下那熱熱奶茶的剎那，頓感暖暖的幸福。

天色已經很暗，大家開始有些擔心安全，因為路上根本沒有路燈，而且又是有些坡度的山野小路，於是寺院請幾個當地的不丹人，一起陪同我們下山，同時找來了幾支火把，手上還拎著一罐裝著補充燃油的瓶子，準備要下山去。

就在要出發前，卻發覺一位團員不見了，原來先前我們正在喝奶茶的地方，位於寺院的背面，可能就這樣前後的時間差別，他以為我們先下山了，大家這樣猜測著。這時，大伙開始緊張，因為夜色已暗，伸手不見五指，要到哪去找他的人呢？

　　他女兒很擔心，她走到寺院牆邊，開始往山下方向大喊：「爸爸！爸爸！」我們也在一旁呼叫著，希望得到山下的回音，一旁的不丹人也跟著著急起來，結果，我們在旁邊就聽到他們也跟著一直喊：「爸～拔～！爸～拔～！」

　　我們當場愣了一下後，忍不住噗嗤一聲笑出來。真不知他們知不知道那是什麼意思……

　　終於，找到了！一位不丹人在不遠的半路途上找到他，將他請回山上來，回到山上，大家趕緊向他又遞熱奶、又送餅乾，寒風中，充滿著溫馨的情誼。於是，人都到齊了，大伙就在三個不丹人分別手持著火把，帶領我們下山，而沿途上還要用汽油來補充「火力」。路途中走著走著，大家開始唱起歌來，起初是山歌，後來竟然有人唱起軍歌，甚是有趣。雖說不是苦中作樂，但是大家果然都是領域中的菁英，無論何時，都能夠自得其樂。走了半個多小時，終於到達平地，回到溫暖的車上。

　　這趟的不丹 GNH 考察團，每位與會成員都感到非常的歡喜與充實，生命中留下了難以忘懷的旅程。同時這個首發團，也為台灣帶回不丹幸福的種子，聯結進步的台灣與幸福的不丹，期望以不丹實踐 GNH 的成果作為引點，將幸福能量擴大，推動台灣，進而轉動世界。

3

雷龍之國：
雪山下的幽谷祕境

我的名字叫不丹
在我的血統裡　有著千古的祕密傳承
長年來　我餵飲著雪山清淨的乳水
俯躺在喜馬拉雅山麓下
靜靜領受著與世隔絕的靜寂
還有晨昏定時的課誦經聲與鼓音
四季變化　傳遞著無常的法理
寒暑更替　淬鍊著內在靈魂的菁華
幸福　原來是青鳥捎來的訊息

在初春之際　請為我留下一杯熱熱的酥奶茶
記憶不丹　暖暖的幸福
一直很長很長地　深藏在我的心窩底……

不丹位置

　　不丹，在許多的考古資料顯示，早在西元前 1500~2000 年，就有許多遊牧牧民居住於此低漥的山谷。

　　這個喜馬拉雅山下的香格里拉，傳說中的「雷龍之國」，自古以來就是佛教的國度，並為有名的藥草王國。她擁有清新美麗的自然環境、歷史悠久的傳統文化、單純樸實的人民。由於第四世國王吉美‧辛格‧旺楚克（Jigme Singye Wangchuck）努力推動「國家快樂力」政策（Gross National Happiness），英國萊斯特大學在 2006 年 7 月所公布的「世界快樂地圖」研究，不丹的快樂指數，在全球排名第八，亞洲第一，躍升為現代化國家人民心中的夢想幸福國度。

　　她位於喜馬拉雅山脈東岸的南麓，南鄰印度阿薩密省和孟加拉平原，北連中國的西藏高原。又稱為「雷龍之境（the land of the Thunder Dragon）」。全境均隱匿於高聳山區，土地面積 3.8 萬平方公里，比台灣略大一點，人口僅近 70 萬人，被世人譽為「最後的香格里拉」。

不丹基本資料（出自 2009 年不丹官方統計資料）

緯度：東經 88°45'～92°10' 北緯 26°42'～28°15'

面積：38,394 平方公里（sq.km）（長約 350 公里，寬約 150 公里）

海拔：最低從海拔 180 公尺至 7,550 公尺

人口：683,407，男性 357,305，女性 326,102（2009 年）

行政單位：宗卡（Dzongkhags）20 個行政區

　　　　　（Dungkhags）15 分區

　　　　　（Gewogs）205 村落小區（county）

國家語言：Dzongkha（宗卡）

當地時間：比台灣慢 2 小時

　　　　　（6 hrs ahead of GMT, 1/2 hr ahead of IST）

貨幣：Ngultrum（努頓），與印度幣相當

首都：Thimphu（挺布）

國際機場：Paro（巴羅機場）

國家代碼：+975

電壓：220V

地形

不丹境內層巒疊嶂，密布的河流，在不丹境內切割出許多深河谷後，逐流向印度平原。境內海拔高低懸殊，最低點約海拔 180 公尺，由南至北陡升至海拔 7,550 公尺。多變的地形孕育豐富的物種，其生物多樣性使不丹成為全球環境保育 10 大「熱點」之一。境內森林覆蓋率達 72.5%，該國並立法規定，森林覆蓋率永遠不得低於 60%。

氣候

因受懸殊地形影響，不丹境內氣候變化極大，南部為燠熱的亞熱帶氣候，北部高山為寒帶。人口大多定居於內陸河谷以及南部平原，北部山區有部落及游牧民族於山區牧放羊、牛以及氂牛。春季是 3 月～ 5 月，夏季是 6 月～ 8 月，秋季是 9 月～ 11 月，冬季是 12 月～ 2 月。

語言

不丹官方語言是宗卡語（Dzongkha），Dzongkha 的字義是指：在宗（Dzong）所說的語言（kha）。原先僅流傳於不丹西部，直到 1971 年才遍及全國。雖然源自藏文，與藏文相似，但兩者並不完全相同。宗卡文後來藉由藏文而有些微改良，在 1960 年第三世國王在位時發展而出。不過，英語是學校教學的媒介，所以受過教育者都能說流利的英文。

在不丹王國裡，可以見到英文招牌、英文書籍以及英文菜單，道路標誌也都以宗卡文、英文等雙語呈現。而國家報紙《Kuensel》同時發行英文、宗卡文版本。不過，在僧侶學院，則以傳統的藏文（Choekey）進行教學。

由於不丹的地形複雜，長期交通不便，地域閉鎖，全國就有 18 種以上不同的方言。除了宗卡語，主要有 3 種重要的地區性語言：中部是本塘語（Bumthangkha，藏語），東部為倉洛喀語（Tshanglakha，藏語），

南部則流通 Lhotshamkha（藏語）與尼泊爾語（Nepali）。

不丹的宗卡語發展委員會，曾建立了一套將宗卡文譯成羅馬拼音的系統，雖然宗卡語有很多音調是無法透過羅馬拼音來準確發音，只能約略近似，但還是提供了易讀、易懂的方便。

ka	kha	ga	nga
ca	cha	ja	nya
ta	tha	da	na
pa	pha	ba	ma
tsa	tsha	dsa	wa
Zha	za	a	ya
ra	la	sha	sa
ha	a		

宗卡語的書寫體非常近似於西藏文。它含有 30 個子音符號，4 個母音符號。

種族

大多數的不丹人屬於同一個種族，但依其語言上的歧異主要可分為三大支：

1. 東不丹的夏迦族（Sharchops）。婦女極擅於織造，其中以絲織品和生絲最著名。

2. 雅羅族（Ngalops）多居住於不丹西部，主要農業作物多為主食類，如米、小麥、大麥、玉米，在廷布與帕羅地區，蘋果也是重要的經濟作物。

3. 羅參帕族（Lhotshampas），分布於南不丹。經濟主要仰賴當地的香料作物，如薑、小豆蔻等，也有種植果樹，如柳橙等。除此之外，不丹尚有許多擁有自己語言的小族群，例如：邦塔族（Bumthap）、東部的倉果族（Tsangho）、西北邊的拉雅帕族（Layapa），東北邊的布洛帕族（Brokpa），以及西南邊的多雅族（Doya）。

不丹國的幸福徽誌

幸福　哪有徽誌
是孩子最純美的笑容
還是情人　深情相視的眼光

不丹　她對我慈愛地說著
孩子　我給你四種吉祥和賀禮
來自大地　有雄壯奇獸　六不像
來自叢林　有經年長綠　松柏
來自眾花　有青翼精靈　藍罌粟
來自虛空　有守護神鳥　烏鴉

還有　我的心之菁華　就交付在你心蓮之上
祥龍的守護　交十的圓滿　寶珠的榮耀

最後
別忘了　雪山上　雷龍之旗　勝利飄揚
山風吟唱　祈祝幸福歡騰的樂音

不丹國旗

　　不丹的國旗為長方形，由一條銀白色的飛龍居於中間，背景分別為黃色與橘黃色的兩個三角形所組成。左上方的黃色三角形，它所代表的是世俗的層面，象徵國王在領導宗教以及世俗政務上的權力與作為。右下方的橘黃色三角形，它所代表的是心靈（宗教）的層面，象徵昌盛的佛法精神與力量，特別是在竹巴噶舉與寧瑪的教法傳承。國旗中央的飛龍，代表不丹國名（不丹語 Druk Yul）──「雷龍之國」的象徵，銀白色的龍身代表著不丹國子民的純潔與忠貞。而龍爪上所握著的四顆寶珠，則象徵著財富、興旺與安樂圓滿。

不丹國徽

　　不丹的國徽充滿著金剛乘佛教（密教）的色彩。它的外型是一個圓圈的形狀，中間有十字金剛杵安立在蓮花座上，其

SOURCE FROM：THE TOWER OF TRONGSA

南部的方向，即不丹。他從西藏拉隆寺千里跋涉來到不丹，走遍整個不丹西部，傳播教法，力量不斷增加，很快地他成為被尊崇的佛教領袖，被尊稱為「夏宗仁波切」（Zhabdrung Rinpoche）。

最後，在一次的閉關結束後，他決定統一不丹。

他花了近 30 年的時間，統一不丹各個部族的勢力，建立了國家制度，並且建設重要的政教中心——宗（Dzong）。他建造了第一個宗：星透卡宗（Simtokha），位於今天廷布的南方。雖然在不丹早期，「宗」的主要功能是作為防禦的堡壘，但是後來像星透卡宗，它不僅是寺院也是政務中心，同時具有防禦功能。後來這種結合政務、宗教和防禦功能的建築，即成為後來不丹所謂的「宗」。

在當時，夏宗法王成為政治及宗教上的領袖。在他主政期間，建造了許多的宗堡及寺院，並制訂各種不丹習俗、傳統與禮儀，奠定了不丹不同於西藏的獨特文化基礎。從此，竹巴噶舉傳承也成為不丹的國教，至今不丹國王以及王室仍然是竹巴噶舉傳承的重要護持者。

在夏宗法王統治時期，他下令建造的這些建築物當中，包括：廷布的星透卡宗、旺地波章（Wandue Phodrang）、普那卡宗以及通薩宗

（Trongsa）等，至今仍然屹立。同時，他也建立了不丹的第一座僧團
——傑里寺（Cheri Goemba），位於廷布。

在夏宗法王統理期間，他是集政權與教權於一身之人。然而就在夏宗
仁波切要過世之前，他將國家的制度做了改變，將屬於政治的最高掌管
權力交給所謂的「第悉」（為最高的政治領導者），另一方面則將屬於
宗教的最高掌管權力交給「傑堪布」。在夏宗法王圓寂後的二百多年，
雖然國內地方勢力仍相互爭鬥，但是基本上整體而言，仍然維持這樣政
教分治的制度和系統。這個制度到了 20 世紀初，在政治方面，則由於
在 1907 年吉美・旺楚克被推舉為不丹的第一任國王（不丹王室政治的
開始）後，結束了「第悉」這個封號；而宗教方面，「傑堪布」的制度
則仍然一直維繫下來，只是在其下增設不同的宗教事務管理部門，來分
掌不同的工作任務。

✦ TIPS　保護神瑪哈嘎拉

「瑪哈嘎拉」（Mahakala），梵語是
「大黑」之意。有尊稱他為「貢布」
（Gonpo），即藏文的「怙主」之意。
他是不丹佛教中的大護法，被視為觀
音菩薩悲心所化現的忿怒身，他身色
為藍黑色，臉上的忿怒相，及手中所
持的各式法器，代表降伏各種障礙的
威力。不丹國王的皇冠上，其中間有
隻烏鴉頭，就是瑪哈嘎拉的化身，他
同時也是皇室的守護神，備受尊崇。
他的歷史傳承久遠，有各種不同的相
貌，有六臂、四臂及二臂等幾十種形象。

SOURCE FROM：THE TOWER OF TRONGSA

100 Years of Glorious Reign

第一世國王：
烏顏・旺楚克
Ugyen Wangchuck
1907～1926年

第二世國王：
吉美・旺楚克
Jigme Wangchuck
1926～1952年

If I were to make a prayer, I would ask that during my son's reign the people of my country would be far more prosperous and happy that they are today.

- His Majesty Jigme Dorji Wangchuck, The third Druk Gyalpo

如果要我祈願的話，我會祈求在我兒為王之時，不丹人民比現在更富足、更幸福。

——三世國王／吉美・多傑・旺楚克

I have always made it clear that the people are more important than the King. We cannot leave the future of the country in the hands of one person who is chosen by birth and not by merit.

- His Majesty Jigme Singye Wangchuck

我一直都表達得很清楚：人民遠比國王重要。我們不能因為一個人的出身，而非他的德性，就將國家的未來交到他的手上。

——四世國王／吉美・辛格・旺楚克

第三世國王：

吉美・多傑・旺楚克

Jigme Dorji Wangchuck

1926～1952年

第四世國王：

吉美・辛格・旺楚克

Jigme Singye Wangchuck

1972～2006年

2006年12月宣佈提前讓位於其子

吉美・格薩爾・納姆給・旺楚克

第五世國王：

吉美・格薩爾・納姆給・旺楚克

Jigme Khesar Namgyel Wang-

chuck

2007年～迄今

The Constitution must ensure the well-being of the country, serve the needs of the people and fulfil their aspirations. Bhutan is extremely fortunate today, because we have the time and the opportunity to achieve this cherished goal.　　　　　　　　　　*- His Majesty Jigme Singye Wangchuck*

憲法必須要能確保國家的福祉，滿足人民的需求和渴望。今日的不丹非常的幸運，因為我們還有時間和機會來完成這個我們所珍視的目標。

── 四世國王／吉美・辛格・旺楚克

"It is my duty to ensure the peace, prosperity and happiness of the nation — a duty that I value above even my own life."　　　　　　　　　*- His Majesty Jigme Khesar namgyel Wangchuck*

確保這個國家的和平、繁榮，與幸福是我的責任；我重視它更甚於我自己的生命。

── 五世國王／吉美・格薩爾・納姆給・旺楚克

近代——不丹的百年王室

　　走入不丹民間，在公共場所、巷道中甚至商舖裡，隨處可見到張貼著不丹國王的相片，甚至不丹民宅中，也常見到懸掛著歷代不丹國王的照片；而日常生活中哼唱的歌曲內容裡，也多為讚頌國王、祝福國王健康長壽等歌詞。

　　不丹的王室政治至今剛好滿百年，國王到底有何魅力，讓人民這般的尊崇？透過歷史的軌跡，我們來探索觀察，一位仁君如何帶領百姓走向幸福。

不丹歷任國王（1907～2007年）

第一任國王：烏金・旺楚克（Ugyen Wangchuck）

1907～1926年

　　夏宗法王過世之後，國家再度陷入各地勢力分據的狀態。這一混亂分裂的局面持續了二百多年之久，直到1907年，烏金・旺楚克被所有地

方首領和中央寺院一致推舉為第一任不丹國王時才結束。此後，不丹王室政治——旺楚克王朝從此開始。

他在 1907 年的 12 月 17 日正式接受冠冕，成為不丹王國第一任的「竹 賈波」（不丹語，Druk Gyalpo），竹（Druk）意為龍，此處「龍」指雷龍之國的不丹，賈波（Gyalpo）為國王之意，所以第一任的不丹國王就此產生。在他任內繼續保持與英國的良好關係。

第二任國王：吉美．旺楚克（Jigme Wangchuck）

1926 ～ 1952 年

吉美．旺楚克是國王烏金．旺楚克的長子，在英國受過教育。1926 年國王過世，21 歲的他就繼承起這個才剛新興的王國，而在當時，國內的地主權貴們，仍依照著舊有模式管理著他們的領域。

在他統治期間，正值世界經濟大蕭條與第二次世界大戰，但是這些災難事件並沒有影響到不丹，不丹基本上保持著與世隔絕的狀態，以及以物易物的經濟。

在 1947 年印度從英屬印度殖民地獲得獨立後，首先承認不丹是個獨立的國家，同時在 1949 年與不丹簽署了一項友好合約。

國家在他直接的控制掌管下，重新修改行政和稅收制度，同時也想逐步帶領王國從封建的社會走向現代國家。

第三任國王：吉美·多傑·旺楚克（Jigme Dorji Wangchuck）

1952～1972年

　　吉美·多傑·旺楚克可以說是「不丹現代化之父」。他曾經在印度和英國受過教育，同時能說流利的英語與印度語。

　　當1959年中國掌控整個西藏後，國王知道：不丹的鎖國政策必然不適合於未來的世界潮流；同時為了維護不丹的獨立，應該要更積極地讓不丹參與廣大的國際社會。於是從1961年開始，不丹結束鎖國政策，開始了一個朝向現代化的進程。

　　1961年在他推動不丹第一個「五年計畫」時，他獲得印度的財務支援，在不丹西部建設了第一座大型發電廠——「邱卡發電廠（Chhukha hydroelectric）」，這座水電廠後來成為不丹很重要的財源收入。

　　1962年，不丹發行了第一套郵票，1969年加入國際郵政聯盟（universal Postal union）。不丹郵票設計精美、獨具一格的特色，深受國際集郵人士的喜愛，後來也成為國家的財源之一。

　　第三世國王他讓不丹向全世界開放，開啟民主化的步伐；他成功廢除封建及奴隸制度，釋放所有農奴；他鼓勵農民使用現代化工具；早在他統治初期的1953年，他成立國民議會（Tshogdu），並設立不丹皇家軍隊和警察部隊，同時建立高等法院、重組法律制度。

　　在位的20年間，不丹產生巨大的進步，例如：大力推動現代化教育，學校從僅有11所擴增到102所；修建1770公里的公路、設立6所現代化醫院。也因為他的推動，不丹在1971年正式加入聯合國。

　　然而，當他積極率領不丹邁向現代世界之時，他強調：必須同時維護不丹的文化和傳統。

生命無常，這樣一位具有遠見視野並有魄力智慧的仁君，由於他患有心臟病，經常長途跋涉去國外醫治。1972 年，他於肯亞的首都內羅畢接受治療期間不幸病逝。

第四任國王：吉美・辛格・旺楚克（Jigme Singye Wangchuck）

1972 ～ 2006 年

吉美・辛格・旺楚克如同他父親一般，是一位非常出色的國王。

他和父親一般，曾經就讀於印度和英國，同時也曾經在不丹巴羅的教育學院讀書。16 歲時，父親因病邃逝，當時仍在英國牛津大學讀書的他，隨即返回不丹，接任王位。回到國內，但他並未沒馬上接受冠冕，為了能夠真正繼承他父親的遺志，他花了兩年時間，走訪整個不丹，思索著：「如何帶領不丹？要給不丹人民什麼生活？要怎麼做？」在這過程，他慢慢發現到人民要的東西很簡單：只希望擁有幸福快樂的生活。

國王的結論是：既然如此，那麼不丹國王的責任，就是要創造一個所有人民都能獲得幸福的環境。

他要繼續推動父親的現代化計畫，並提出一項能夠實踐國家經濟自立的最完好規畫。針對不丹自身的特有狀況——人口少、土地廣、天然資源豐富的情形而做的這套規畫，讓國家能實現永續的發展政策—— GNH。不丹以 GHH 為發展目標，取代了已開發國家以 GDP（國民生產毛額）為國家發展的目標。

GNH 有一套明確的標準，來衡量國家最大發展的目標與效益，一套

能帶給人民永續幸福的方法。不丹是全世界第一個提出以幸福為國家發展目標的國家，它成了不丹施政的重要依據，也成為不丹的立國政策。

在四世國王的任期內，完成了幾項對不丹未來影響深遠的重大政策與施政內容。他推動教育的普及與現代化，在他的統理下，人民享有免費的教育，同時實現全民的免費醫療。

在王室百年紀念的 2006 年 1 月 18 日，他宣布將政權移交給長子王儲吉美・格薩爾・納傑・旺楚克（Jigme Khesar Namgyal Wangchuck），並於 2006 年 12 月 14 日退位，讓王儲在 2008 年登基前擁有執政經驗。而不丹更於 2008 年首度舉行全國民主大選，依照議會的民主制度選出新政府，成為議會民主制國家。

第五任國王：吉美・格薩爾・納姆給・旺楚克（Jigme Khesar Namgyel Wangchuck）

2007 年～迄今

現任國王吉美・格薩爾・納傑・旺楚克，是前任不丹國王吉美・辛格・旺楚克的長子，前後於美國菲利普學院、卡森學院、麻省威廉姆斯學院，與英國牛津大學接受高等教育，以政治學碩士畢業並完成外地服務計畫。他是旺楚克王室的第五代君主，也是目前世界上最年輕的國家元首。

吉美・格薩爾・南傑・旺楚克秉承父親早在 1970 年就提出的理念，認為 GNH 比 GDP 更重要，經數十年規畫，終於在近幾年成功制定一套繁複的「幸福指標」。

◇ TIPS 神祕的（鳥頭）王帽

在 2008 年第五世國王的登基大典，在首都廷布的皇宮中舉行，採用佛教傳統儀式進行，由第四世國王為新國王加冕戴上皇冠。不丹的皇冠上有一個很特別的鳥頭，牠是烏鴉，也是不丹的國鳥，在不丹佛教中，此烏鴉是瑪哈嘎拉的化身，也是王室非常重要的守護神。王帽上的三個眼睛，即代表著瑪哈嘎拉護法神。

佛教僧侶為新國王獻上尊貴的黃色披巾，他隨即坐在金碧輝煌的王座上。最後再由不丹佛教最高宗教領袖傑堪布，獻上水果鮮花和食物，再獻上代表最高權位的傘和智慧象徵的魚。

幸福心靈的所依：
不丹的宗教

二千五百年前
那一夜　您悟道　成佛
這世間　開始綻放金色的證悟光明

輕拈花　一抹微笑
以心傳心　如水注水　深不可告的祕密
原來幸福　在我心上的那朵花裡

上師蓮花生　遙望邊地　不丹
悲眼許下諾言　佛法的種苗從此散播
即使　物換星移　無常交替
這一路走來　聖者們的心意　始終如一

不丹　這布滿祝福的密嚴國土
佛法　這幸福的心靈明燈
依舊　燈燈相傳

不丹佛教綜觀

　　直到第 8 世紀，佛教才正式在不丹傳揚。當時不丹東部的本塘國王延請蓮花生大士來此降伏在地惡魔，令惡魔拋其惡心守護佛教。而國王、皇后、大臣與百姓們也為此全歸依佛教，並祈請受歸依的戒律，佛教自此開始流傳開來。

　　西藏在 9 世紀朗達瑪（Langdarman）滅佛後，佛教僧眾受到迫害，於是有很多的佛教僧侶在這個時候，開始遷移到不丹來。

　　不丹的佛教，還是跟西藏有很深的淵源，尤其是和西藏四大教派中噶舉派的竹巴噶舉傳承有很深切的關係。

　　從歷史的觀點來看，西藏佛教經過 9 世紀藏王朗達瑪的滅佛事件，在他死後，西藏佛教百廢待興，許多西藏的僧侶、修行者再度前往印度取經。這段時間，以大譯師仁欽桑布（958 ～ 1055，Lochen Rinchen Sangpo）的譯經作為分界，在他之前所譯的是舊派密咒，在他之後所譯的是新派密咒。也因此傳統上，依此將西藏佛教分為「舊派」（即寧瑪派，Nyingma）和「新派」。新派主要包含了噶舉（Kagyu）、薩迦（Saka）和噶當（Ganden）等派，噶當派後來演變為格魯派（Gelug）。在這主要四派之中，還包含了許多支派。

　　而「竹巴噶舉」是噶舉派（白教）四大八小（四大支派及八小支派）中的其中一支，同時，在竹巴噶舉傳承中，後來又發展出：中竹巴（Central Drukpa）、上竹巴（Upper Drukpa）、下竹巴（Lower Druk-pa）。竹巴噶舉的起始者是林熱・貝瑪多傑（即寧千日巴，Lingchen Repa，1128 ～ 1188），而正式形成，則是在章巴加雷・耶謝多傑（Tsangpa Gyare Yeshe Dorje，1161 ～ 1211）的時候。

　　1206 年，章巴加雷來到西藏拉薩附近的南木鄉（Nam），尋找一處適合修建寺院的吉祥地時，就在那個地方，他目睹九龍從地而起、翱翔在天的殊勝景象，所以就在那裡建造了寺院，並將他的傳承命名為「竹

巴」（藏語「竹」為「龍」之意），即龍的傳承。自此章巴加雷成為竹巴噶舉傳承的創始人，同時也被尊為第一世嘉旺竹巴。

竹巴噶舉教派的特色，在於其傳承中講求清淨、樸實及苦行的美德，依此證悟的成就者無數。

在竹巴噶舉的全盛時期，其影響力遍及西藏，擁有無數的弟子，使得西藏民間流傳著一句諺語：

一半的藏人是竹巴傳承修持者，

一半的竹巴傳承修持者是行乞的苦行者，

一半的苦行者是成就者。

而在 11、12 世紀期間，當時西藏格魯派勢力強大，許多竹巴噶舉的僧眾離開西藏來到不丹，他們分別定居在不丹西部，並逐漸建立各自的竹巴噶舉分支寺院，弘傳教法。

13 世紀時，一位不丹佛教歷史中的重要人物，竹巴噶舉大成就者——帕久‧止貢西博（Phajo Drugom Zhingpo，1208 ～ 1276，或有說 1184 ～ 1251），來到不丹。他是章巴甲雷的重要傳承弟子，出生於西藏的康（Kham）區。就在他抵達拉隆寺，希望隨學於章巴加雷的門下

時，章巴加雷已經過世。但是對於他的到來，章巴加雷在世時已有預言與授記，除了交代其姪子星給淵雷（Sangay Yonray，1177～1237）要授予帕・久止貢西博一切竹巴噶舉的教法，並且預言要他朝南方的不丹境域，傳播竹巴噶舉的傳承。

帕久止貢西博到達不丹後，開始建造竹巴噶舉傳承的佛學院與寺廟。經過多年的努力，終於成功取得不丹西部的統領權，生有四兒，分別掌理四大區域。至今在不丹境內，仍可見其後代的貴族子嗣（Chhoje）。

在13～16世紀這段期間，竹巴噶舉傳承在不丹蓬勃的發展，更多的喇嘛從拉隆寺被邀請到不丹來弘法，建立寺院。其間，一些有名的竹巴噶舉上師，陸續從西藏來到不丹：

1. 昂旺秋賈（Ngawang Chhogyel，1465～1540）：他多次到訪不丹，經常與他的兒子們隨行，並在巴羅建造佛塔，以及在廷布建立許多寺院。

2. 竹巴袞列（全名 Dubchhen Kunga Lepa, 通稱 Drukpa Kunlay，1455～1529）：殊勝的瘋行者，在普那卡有他的寺院名為「奇美拉康」（Chime Lhakhang）。

3. 董色米潘・秋賈（Dungsay Mipham Chhogyal，1543～1606）：為袞千・貝瑪噶布的弟子，夏宗・昂旺朗傑的祖父。

4. 董色米潘・殿比尼瑪（Dungsay Mipham Tenpi Nyima，1567～1619）：為袞千・貝瑪噶布的弟子，夏宗・阿旺朗傑法王的父親。

一直到17世紀時，竹巴噶舉傳承的夏宗・阿旺朗傑1616年從西藏拉隆寺來到不丹，從此對不丹產生關鍵性的重大影響。

另外，在1450年，一位誕生於不丹地區的伏藏師貝瑪林巴，被視為寧瑪派龍欽巴大師的化身，他在不丹傳授寧瑪派伏藏教法，對不丹佛教影響也很大。

以下幾位佛教人物的簡介，皆是在不丹佛教中具有特色與影響力的人。

將佛法傳入不丹第一人──蓮花生大士

不丹，蓮師加持護佑的聖地

在全世界，不丹最特殊的地方之一，莫過於以佛教為國家精神信仰的核心。而因為佛法在不丹的流傳與弘揚，與蓮花生大士有著很深切的關係，因此在不丹人的心中，將蓮花生大士視為第二佛，同時也代表著一切佛的總體象徵，或是釋迦牟尼佛的化現；此外，也將蓮花生大士視為此生、來生的救渡者。

「蓮花生大士」、「蓮師」是中文名稱的譯意，一般藏傳佛教徒常稱他為「咕嚕仁波切（Guru Rinpoche）」，或稱「貝瑪桑巴哇（Padma-sambhava）」、「烏金仁波切（Ugyen Rinpoch）」。

「咕嚕」是上師之意，「仁波切」是寶、珍寶之意，所以「咕嚕仁波切」指的就是「上師寶」（如同珍寶一般的上師）。

「貝瑪桑巴哇」是梵文的名稱，「貝瑪（Padma）」是蓮花之意，「桑巴哇 （sambhava）」是「從……出生」之意，所以「貝瑪桑巴哇」指的就是「蓮花生」（由蓮花中所出生者）。

「烏金仁波切」的「烏金」是指蓮花生大士的出生地，一般梵文稱為「烏伏那（Uddiyana）」，宗卡文稱為「烏金（Ugyen）」。據考查，「烏金」這個地方，大約位於今日巴基斯坦（Pakistan）境內一個叫 Swat Valley 的地方。

至於蓮花生大士的出生時間，歷史上有很多種不同說法，有說是在佛陀滅度之後的第 8 年或 12 年等等，進入西藏的時間說法也不一，總之，在歷史上是真的有蓮師這樣一位人物。

佛陀對他的出生曾經做過預言授記，由於他是一位修行證悟境界非常高的上師，同時具有大神通力，能降妖伏魔，因此藏傳佛教的信徒將他視為「第二佛」。他以各種不同的變化身，遍及西藏、尼泊爾、不丹等

地來利益眾生，同時在很多隱密的洞穴中閉關禪修，留下很多聖跡，這些地方後來都被人們視為很有強大加持力與能量的聖地，甚至在那地方建造寺院。

同時，蓮師也運用神通力量，將他的教法和智慧，以及一些加持的法器、法寶，埋藏在某些地方，這些被埋藏起來的經書法本或是法寶等，我們稱之為「伏藏（Terma）」。在等到時機因緣成熟時，會由特定被預言的對象——證悟很高的修行者來取出，這位取出伏藏的人，我們稱之為「伏藏師（Terton）」。

另外，被譽為加持力很大、能使所求願滿的《蓮花生大士傳記》，因為其內容主要記述著蓮花生大士的各種殊勝事蹟，閱讀它可以在無形中增強我們對蓮師的了解，增強我們對他的信心。蓮師曾經說過：若是有人對他產生強大的信心，則必能得到他廣大的加持，他會如影隨形地守護在我們身邊。

有關於蓮師的形象，最常見到的：身上穿著國王的尊貴衣袍，象徵他內在的證悟；頭上戴著蓮花帽，帽子上有日、上彎的新月，顯示日月和合的力量，在帽頂上有一支金剛杵和鷹羽，表徵著蓮師的甚深境界，已抵達智慧之頂。蓮師右手持著五股金剛杵，左手拿著顱器長壽瓶，左肩挾持著一支三叉杖，以國王般的坐姿，安坐在蓮花日月輪上。

在不丹，幾乎每個寺院都可以看到蓮師像，由此可以想見蓮師在不丹人心中的重要性。傳說中，昔日的不丹受到很多妖魔鬼怪侵擾，蓮花生大士不僅將其全部降服，還命他們發誓不得再傷害眾生。同時，蓮師也在不丹人跡罕至處或隱密的聖地，埋下了伏藏教法與珍貴法寶，加持整個大地山河。

對不丹人而言，他們深信在這塊蓮師所加持護佑的國度裡，每一座山、每一棵樹都有其守護神。若有人不相信這些守護神的存在，而隨意到森林砍伐，此人會立即有災禍或生大病，想解除危機，只得馬上修法懺悔，才可能解除。另外，若有人不相信有山神的存在，而在山裡胡作

蓮師八變（蓮師的八種變化身），是不丹寺院的壁畫、唐卡上，很常見的圖像。
台灣智慧法輪學會提供。（貝馬林巴傳承）

非為，這時氣候可能會立即變化，如起濃霧、傾盆大雨、甚至下冰雹。

這種說法，聽起來匪夷所思，但是我到過許多藏區及偏遠山區，的確當地的居民都會這樣提醒外來的人。我聽過很多當地人傳述許多因為這樣而發生的真實故事。

這些對現代人來說聽似荒唐無稽的說法，對不丹人而言很尋常。這樣特殊的價值觀與理念，是因為他們深信不丹是塊受到蓮師加持祝福的聖地，所以每一座山、每一棵樹都有他的守護神。加上蓮師曾在這個國家、這塊土地藏著許多伏藏，為了守護這些伏藏，守護神時時刻刻保護著不丹的每一寸土地，至今蓮師的加持護佑從未消褪。而蓮師也曾經說過，能持續 1 個月在不丹禪修，所產生的功德與利益比一般地方更加廣大。

蓮師在不丹的聖跡很多，其加持可說是遍布整個不丹，其中最著名的：巴羅的虎穴寺，不丹中部本塘的「古傑拉康」（Kurjey Lhakhang），即蓮師身印寺。

虎穴寺（Takstang Monstery），位於不丹西部巴羅的達倉（Taksang）地區，海拔約三千多公尺，是不丹最負盛名的蓮花生大士聖地之一，也是造訪不丹時不可錯過的景點。

達倉意為「虎穴」，此名乃緣起於 8 世紀時，達倉（Taktsang）這個地方因邪魔妖類作祟，傷害許多當地眾生，於是蓮花生大士以其神通力，化現忿怒尊的形象，騎在一隻母虎的背上降臨此處，並在此處的一個洞穴內禪修 3 個月，教化了巴羅山谷的眾生們，並使此地轉化為一佛教的聖地。當時，蓮師就是化現為忿怒尊「多傑佐勒」（Dorje Droloe）的形象，來降服了危害當地的魔眾，達倉（虎穴）之地，因此而聞名。

後來於 17 世紀時，依據蓮師及龍欽巴尊者當時所禪修的洞穴，在此興建一座寺院，稱之為「虎穴寺」，在它主體建築之內，有三座主要寺廟，每一座寺廟都有著珍貴的蓮師遺跡。寺院中主要供奉著忿怒蓮師——多傑佐勒的尊像，以及一尊據說曾顯神通的蓮師像。

虎穴寺，是不丹最負盛名的蓮花大士聖地，
蓮師在此閉關過，並示現忿怒蓮師來降服惡魔。

不丹佛教王國創始者──夏宗法王

　　從 8 世紀，蓮師初傳佛法到不丹之後，一直到 17 世紀夏宗法王統一不丹，這將近 900 年的時間，竹巴噶舉於不丹西部弘揚教法的鋪陳，對未來夏宗法王的到來，有很深遠的意義。

　　關於夏宗・阿旺朗傑（Shabdrung Ngawang Namgyal，1594 ～ 1651）的誕生，在過去蓮花生大士就曾經預言說：「一位名為敦炯多傑（Dujom Dorji），將會掌握這佛教的祕密聖地。」

　　根據這個預言，他於西元 1594 年誕生在西藏名為「竹・江秋林」（Druk Jangchhubling）的地方，是章巴加雷・耶謝多傑（竹巴噶舉創始者）的後代子孫。13 歲時，他被認證是袞千・貝瑪噶布（1527 ～ 1592，，Kunkhyen Pema Karpo）的轉世。他的父親是董瑟・米潘殿津尼瑪（1567 ～ 1619，Dungsay Mipham Tenpi Nyima）、祖父董瑟・米潘秋賈（1543 ～ 1606，Dungsay Mipham Chhogyal）都是竹巴噶舉傳承中很有名的上師，而這兩位上師都是貝瑪噶布的得意門生。

　　他誕生時，出現許多奇異的景象：天空顯現彩虹、並且降下花雨。出生後，他即能口中自然誦出佛教的法語偈頌。自幼，他就非常的聰慧，言行舉止也相當不同於其他的小孩。

　　幼時，夏宗・阿旺朗傑的父親親自教導他讀書，發現他非常地聰明、有智慧。就在他四、五歲的時候，未經過學習，他竟然可以口誦梵文。據說曾經有好幾次，每晚睡覺後的隔天清晨，當他起床後，在他口中仍殘留一些米飯、穀物，有人認為這是天神們於夜晚來到他的身旁餵食他，這些徵象顯示，未來他將會統領整個不丹。

　　夏宗・阿旺朗傑於 8 歲時出家為僧。在 13 歲時，他被竹巴噶舉的主寺拉隆寺推舉為住持。正待其他教派的上師們也非常歡喜地認同並恭賀此事、贈送各種賀禮之時，當地的一位第悉（頭人）名為臧第悉・彭措南賈（Tsang Desi Phuntsho Namgyel）卻拒絕接受此事，同時，他率

我在幸福之地・不丹

夏宗法王是不丹人民心中的「不丹之父」，也是他們的精神導師。
（SOURCE：THE DRAGON'S GIFT-THE SACRED ARTS OF BHUTAN）

貝瑪林巴是不丹佛教中一位重要而偉大的寧瑪派伏藏師。
（SOURCE：THE DRAGON'S GIFT－THE SACRED ARTS OF BHUTAN）

據說當時的錫金國王和貝瑪林巴曾經一起到過這裡。後來那裡還蓋了一座貝瑪林巴傳承的小寺廟，但現在已經毀損，而且地方被政府收回，改建成供人遊玩的空地。

從我上面的那些經歷，可想而知，在貝瑪林巴傳承的最盛時期，他的教法傳弘有多廣，從西藏的東南到不丹西方的錫金，整片區域曾經是貝瑪林巴教法的弘傳之處。

後來，我認識一位來自不丹的上師，他是貝瑪林巴傳承的重要轉世上師崗頂祖古仁波切，他第一次來台灣時，剛好由我協助辦理他的入台簽證，以及他第一次的傳法活動；而我在 2000 年第一次去不丹時，是他邀請的。這一切的因緣總覺得很奇特，好像一直跟貝瑪林巴有關係。

貝瑪林巴於西藏佛教史上，被視為蓮花生大士所授記的五大伏藏師中的第四位伏藏王，也是唯一一位誕生於不丹地區的伏藏王，他被視為寧瑪派龍欽巴尊著的化身。在貝瑪林巴傳承中，如：第六世達賴喇嘛及現今不丹國王，都是其後裔。在他一生裡，分別於 18 庫藏中取出了 32 部伏藏法，這些教法被完整的傳授至今。

他所取出的伏藏典籍、伏藏物品（佛像、法器等），所傳流下來的金剛舞蹈，以及他所創作的藝術工藝，也成為不丹重要的文化遺產之一。

貝瑪林巴於 1450 年誕生於不丹中部本塘地區（Bumthang），一個叫做淡（Tang）溪谷中的伽爾（Chel）小村。從小他就跟著祖父學習鍛造工藝，而他親手所做過的一些平底鍋和刀器等，目前還保存在不丹，流傳至今。

在他 27 歲的那一年，有一天他作了一個夢，夢中有一位僧侶交給他一卷手寫的祕密經書，並指示他要帶著五位夥伴，一起到淡溪谷底的某個地方，在那裡他就會發現一個伏藏。那夢境是這般的清晰，貝瑪林巴醒來之後，就開始籌備前去夢中所指示的地方。那是貝瑪林巴第一次取出伏藏法寶。

在一個月圓的夜晚，他召集了弟弟們一起來到一處河流所形成的大湖

旁，可是到了此處，卻不見半個人影。過了一會兒，他站在一塊大岩石上，看到一座擁有許多門的寺廟，其中只有一扇門是敞開的。於是，他就脫掉身上的衣服，直接跳入湖中，進到湖底。他發現有一個大洞穴，進入洞穴中，他看到一尊真人般大小的釋迦牟尼佛塑像，安坐在一個寶座上，旁邊還擺有許多大箱子。此時，一位獨眼的老婦走過來，遞給他其中一只寶篋，瞬間，他就發現他自己已經站立在原來湖邊的那塊大岩石上，手中還拿著那只伏藏寶篋。

貝瑪林巴和弟弟們很興奮地捧著這個寶篋回到住處，他的父親建議貝瑪林巴到一座寺院，並在那裡修法，試著來解讀這份祕密手稿的伏藏經文。最後，他終於解讀出這份「堪卓瑪」（即密教中的女性本尊）所寫的手稿經文的祕密含意，並將它譯成文字。在原始的伏藏手稿經文中，那是用一種非常特殊的空行文字所書寫，這樣祕密的文字裡，一字時常包含著上千個文字，而且意義非常的深奧，所以解譯過程可謂工程浩大。後來，經由空行母（密教中的女性護法神）的協助，他依此伏藏經文為基礎來傳授他的教法。當時他經常於昆桑札（Kunzandrak）閉關修行，這地方就位於淡溪谷的懸崖上。

而他第二次取出伏藏的故事，則是最為人所津津樂道。

在他上次所取出的伏藏法中，已有指示貝瑪林巴還要再返回湖中，再取出更多的伏藏法寶。有一天，貝瑪林巴決定要再回到湖邊，這時很多人知道了這個消息後，都聚集到此湖邊來，當地的地方首長知道後，心生懷疑，指控貝瑪林巴在耍弄騙術。在這麼多議論紛紛之下，為了證明自己的清白，於是，貝瑪林巴在眾目睽睽之下，手上拿著一把火炬，向大眾宣告說：「我如果真的是一位蓮師所授記的伏藏王，那麼我跳下湖底，取出伏藏時，這火把將仍然不會熄滅；否則，就讓我葬身在湖底之中吧！」說完就逕自跳入湖中。

貝瑪林巴跳入湖後，久久未見他出湖面，正當眾人心想他們的猜測是正確的時候，未料他立即出現在巨石上，且手中的火把仍然明亮，同時

見到他手上捧著一尊伏藏的雕像和一個伏藏寶篋。貝瑪林巴從此之後聲名大噪，大家也異口同聲認為他是個名副其實的大伏藏師。此湖後來就成為非常聞名的貝瑪林巴聖地「湄巴措」（Membartsho），意即火燒湖或火焰湖。

貝瑪林巴於 1501 年，在苯塘地區建了一座淡心寺（Tamshing Monastery），它的正確全名稱為「淡心混珠卻林」寺院（Tamshing Lungrub Chholing）（意為「淡心」地方的任運法林），為不丹中部最重要的寧瑪派寺廟。據說寺廟內部牆面上的畫像，最先都是由貝瑪林巴所創作的。後來又建造另一座昆桑札寺院（Kunzandrak Monastery）。

當時貝瑪林巴的孫子貝瑪聽列於崗頂地區建造一座崗頂寺，開始了崗頂祖古仁波切之法嗣傳承。今世生於 1955 年的崗頂祖古仁波切為第九世的轉世。

貝瑪林巴圓寂後，仍不斷轉世來利益眾生。目前在不丹當地，他們認為貝瑪林巴傳承有三個身、口、意的化身，身化身為崗頂祖古仁波切，語化身為松助仁波切，意化身為吐塞仁波切（2010 年已圓寂）。貝瑪林巴的法脈傳承，於今仍然旺盛地流傳於不丹。

這個深邃碧綠的湖泊「湄巴措」（火焰湖），就是當初貝瑪林巴在眾目睽睽之下，取出伏藏法寶的地方。

傳奇的癲狂喇嘛——竹巴袞列

竹巴袞列（Drukpa Kunley，1455～1520）在不丹人的心中，是一位非常傳奇性的修行者，他出生於「Gya」這個貴族家庭，行止有點像是中國的濟公。在竹巴噶舉的創始者章巴加雷（Drogon Tsangpa Gyare）過世之後，就是由 Gya 這個家族帶領拉隆寺的竹巴傳承。他與不丹偉大的伏藏師貝瑪林巴同一個時代，同時也是他的弟子。

竹巴袞列自幼成長於嚴謹的寺廟環境之中，受教於眾高僧。他依戒律修行，並依所學習的教法實修，終於在 25 歲那一年得到證悟，證得很高的境界。悟道後他離開寺院，棄絕了制度化的僧侶生活，選擇帶著弓箭而到處遊化的人生。

竹巴袞列的證悟智慧很高，經常利用歌謠、詼諧、甚至示現瘋癲的行為，來弘法利生。他傳法有時荒誕不經，讓人出乎意料之外，又常帶有強烈的性暗示，也使得他因而聲名遠播。即便如此，在他四處雲遊的過程中，仍引導不少人踏上菩提之路。而他也因舉止放浪不羈、毫不掩飾，顯得離經叛道，而獲得了竹寧（Druknyon）的稱號，意即「竹巴傳承的瘋子」。他遍遊西藏的衛藏地區，向人們展現奇蹟，以自身修行來開示導引大眾，其教導方式背離了當時的社會規範與教條，卻向眾生揭示了實相真諦。

一如在西藏時一樣，他在不丹有如聖者英雄般地被尊崇。在一趟朝聖的旅程中，他先來到了不丹的中部本塘，然後在蓮師的聖地「古傑拉康」（即蓮師身印寺）閉關禪修。同時，竹巴袞列也在此將六字真言（觀音菩薩心咒）與蓮師心咒傳授給當地的民眾。

竹巴袞列於 1490 年左右，再度來到了不丹。那是有一次他在西藏時，作了個夢，夢中護法神吉祥天母（Palden Lhamo）指示他前往不丹，來傳弘竹巴噶舉的教法，並且預言竹巴袞列在不丹生下的孩子，將有助於竹巴噶舉傳承在不丹的宏揚。於是，吉祥天母指示他往不丹的方向射一

竹巴袞列是位偉大的瑜伽士，他外相上常示現癲狂的行舉，來教化有緣的眾生，不丹人民
對他有很深的仰信。（SOURCE：THE DRAGON'S GIFT-THE SACRED ARTS OF BHUTAN）

子，讓廟裡具有象徵竹巴袞列的加持物，保佑他們早生貴子。

　　竹巴袞列在不丹雲遊教化的範圍極廣，傳法的對象多涵蓋社會各個層面。最後他回到西藏，在 1529 那年於祥瑞之象中圓寂。

據聞，當時有一女魔經常在這個區域為非作歹，傷害百姓，竹巴袞列在此處將她降伏，使之歸化。後來在此處建蓋了一座小佛塔作為紀念與祈福。

不丹的建築藝術——
人的處所，佛的處所

用智慧的石板　慈悲的土泥
以我的真心　層層堆疊　幸福的城牆
這是溫暖的家園　心靈的殿堂

八吉祥、蓮花及祥雲
大鵬鳥、飛龍與瑞獅
紅澄黃綠藍靛紫　虹彩輝耀
圓方長短與深淺　交錯相間

虔誠的心意　　化作種種　曼妙的圖騰
一刀一刻　在樑柱上
一筆一畫　在窗欄邊
札西德勒　吉祥如意
幸福　　是我們唯一
最深切的願望

建築風格

　　身處在不丹，看到青山綠水，遠處的農舍點綴其中，他們的建築無論是處於高山，或是位於叢林，總是那般地與大自然融合在一起，不會讓你覺得，建築物像是個龐然怪物，那般地突兀或張揚。在不丹境內有上千座的佛塔，上百座以上的寺院，他們無論位於山頂，或是坐落在山間路徑之中，總是散發著安穩而和諧的力量。

　　許多人第一次抵達不丹，常常會被她特殊的建築外型所吸引，無論是點綴在鄉野林間的屋舍，還是座落在山腰的廟堂，乍看之下，許多屋舍的外型，常會讓人誤認為那是一座廟宇精舍，其實，它只是一般民居。

　　不丹人民長期受到佛教的薰陶，其影響已經深入到一般生活之中。即使是民間的屋舍，在屋牆上時常會繪製各種象徵佛教意義的圖案，如：八吉祥圖、祥龍、蓮花、金剛杵、祥雲等等；即使是在屋內，有錢的人家更是極盡所能地將各種吉祥的佛教圖騰，妝點在壁上、窗框、門板上，連客廳的各式家具、桌椅，也刻繪著傳統美麗的圖紋。

　　來到不丹，發覺這裡的人們雖然不富裕，但是再怎樣窮的家庭，屋子裡一定會有一座小小的佛堂；再怎麼簡陋的大廳中，也會懸掛或擺設著佛教的圖騰與裝飾。所以，我常會覺得：不丹人好像要將自己的處所，變得像佛的住處一般。

　　身處在佛國之中，應該就是所有佛子的夢想吧！

　　不丹的建築形式從歷史的發展上來觀察，初期主要還是受到西藏的影響。在9世紀時，藏王朗達瑪滅佛，西藏佛教進入黑暗期，當時有許多僧眾和藏人開始遷移到不丹的西部定居。17世紀夏宗法王統一不丹之後，他決定要讓不丹與西藏文化有所區別，不丹開始逐步走出自己的獨特風格。同時，不丹的建築，也隨著適應不同地區的地形、氣候條件、考量當地建材的供應和施工技術等，而不斷地做調整和變化。

　　不丹建築藝術極具傳統特色，無論外型、顏色、圖案都有其獨特意義。

他們會在樑柱、窗戶或門框的木頭上，刻繪絢麗莊嚴的花紋、動物或具佛教意義的吉祥圖案。

無論是寺院或是民居的建築外觀，都可以看到他們獨特的傳統圖紋設計、多層次的顏色變化，常讓外地的觀光客，驚艷於他們寧靜中鮮活的生命力。

據聞，在早期不丹的建築工程，不會事先繪製設計圖，所有建築結構、尺寸、外觀設計全在工匠們的腦袋裡。建造時，他們也不用釘子，而是利用楔形榫頭去接合每一片木製建材。

由於推動現代化的影響，不丹從早期傳統的屋舍主要是以木頭、泥土和石塊為建材，發展到現在鋼筋混泥土的建築結構。雖然建材的質料改變了，但是建築物仍然保存著傳統的外觀和形式，立體的結構、豐富的色彩與傳統的佛教圖騰花紋，八種吉祥圖案隨處可見，像這樣人的世間、佛的國度，不禁讓人彷彿身處在不同的時空。

雖然建築風格會隨地區而有所不同，但不丹法律要求，無論公共建築或私人建築，都必須按照傳統的外觀去建造。

「宗」、寺院建築

不丹的建築藝術特色尤以宗（Dzaongs）、佛寺（Lhakhangs）最具代表。關於不丹寺院或寺廟的建築起源，則比「宗」更早，可以追溯到西元 7 世紀，當時西藏國王松贊干布建造了 108 座寺院，其中有兩座就位於不丹的境內。

寺廟是不丹重要的傳統建築，在不丹經常可見到，其特徵為建築物上部有紅褐色條紋，頂端則有金色小尖頂。

「宗」原是不丹宏偉的古式碉堡，也是顯著地標，且座落於戰略性位置。宗的設計為橢圓形或方形，外圍以庭院圍繞。其平面形狀為平行四邊形，但四角並不是直角狀。厚重的石牆從底部延伸，牆面隨高度慢慢變薄。這座垂直式建築兼顧國防及美觀，低樓層的窗型小巧精緻，樓層愈高，窗戶愈大，也成了外牆的主要裝飾。「宗」後來也代表著不丹宗教的精神核心。

有關不丹「宗」的起源，最早應該追溯到 12 世紀（1153 年）時，由

西藏的一位僧人賈瓦・拉南巴（Gyelwa Lhanangpa）所引入。而到了17世紀，統一不丹的夏宗法王，將「宗」的功能更加擴大，使它成為了宗教與政治中心，同時還兼具有防衛的作用。

「宗」，從原為不丹早期做為防衛外敵的碉堡，現在成為不丹每個區（省）的政教中心。不丹全國共分 20 個區（省），每個區內皆設有一個宗，作為當地的政治與宗教中心，因此「宗」的建築規畫，就如同不丹的國旗一般，一半是屬於宗教寺院的型態，一半是屬於政府辦公設施的用途。當你進入不丹的首都廷布市，會看到一座宏偉的建築「扎西秋宗（Tashichhong Dzong）」，它始建於 13 世紀，既是不丹宗教領袖的駐鍚地，國王的辦公室、國民議會等也均設於此，為政治、宗教的最高權力所在。

提到不丹的「宗」，一定得介紹「普那卡宗」。普那卡宗位於不丹西部，海拔一千多公尺，是第二大的宗，雄偉壯麗、莊嚴醒目。普那卡宗原是不丹的舊都，建於 1657 年，直到 1955 年才遷都廷布，而於 17 世紀統一不丹的夏宗仁波切，他的法體也還安放在此。

走過橫跨普那卡河的傳統木橋，一棟棟白色建築矗立，紅色窗戶崁在白色外牆上，奪目鮮明。五月的普那卡宗是最浪漫的時刻，周圍的藍花楹盛開，樹梢與綠地上布滿著紫藍色的小花，遠遠眺望如夢幻中的世外桃源。

由於不丹是個佛教的國度，一般在進入宗或是寺院，有一些基本要注意的禮節與規範。衣著方面，注意服飾的整齊，避免穿短褲、短裙、涼鞋以及過於裸露的上衣。進入寺院的佛殿內，一般會將鞋子及傘置於門外，並脫帽以表敬意。不丹為了保護文物，所以佛殿內是不可拍照的。佛殿內，行走路徑一般會順時鐘繞行，盡量避免高聲談話、喧鬧。佛殿前可以做一點隨喜供養，當你做完禮敬、供養後，旁邊的僧人會拿一個裝有聖水的寶瓶，倒一點在你的手掌心上，你可以將此加持的淨水喝下，再將手掌上剩餘的水，抹灑在頭頂上，以表得佛菩薩的加持。

不丹傳統石砌的房舍，默然地安住在田野之中，給予人們最堅固的溫暖守護。

不丹傳統民居建築

　　不丹傳統建築的外型極具特色，其顏色繽紛多彩，圖案造型眾多。由於受到佛教信仰的影響，八吉祥是到處可見的圖騰。無論是在樑柱、窗戶或門框的木頭上，他們都會刻繪絢麗莊嚴且多層次的吉祥圖案。

　　不丹民房建築，多以石塊、磚塊、泥土（城市或用混泥土）等做為建材，而內部裝潢則以木材為主。無論選擇哪一種建材，建築物仍維持傳統的外觀和型式。由於現代化的影響，生活的改善，在都市中，已漸多見到鋼筋混泥土所修建的房子，一般民居房舍的構造，是由兩層樓和一個頂樓所組成。第一個地面樓層會設有大廳、臥房及簡易的廚房。第二個樓層，會有一間精心佈置的佛堂，客廳、臥房，也會附設廚房；至於最上層的空間，則多用來儲藏物品或晾乾食材等作用。另外，他們將通往二樓的樓梯，置於屋外，以方便出入。

傳統農舍

　　不丹的傳統農舍，由於大部分位在陡峭的地形上，農舍多為呈散狀分布，或呈現聚落形式；較少見到整齊排列的房舍。

不丹的經濟以農牧為主，大部分的農家，除了種植穀物之外，也同時會蓄養牛羊等動物。傳統農舍的建材多為木頭、石塊、泥土或磚塊。

　　在過去的年代，典型的不丹農舍是由兩個層樓和一個頂樓所組成。在農村地方，第一個地面樓層，幾乎都是以安置家畜或儲藏穀物為主；白天的時間，牲畜多放置於外，到晚上時，則將之趕回房舍之中，一則可

首都廷布市夢幻般的夜景

華麗大卡車

　　說到奇特的道路景象，莫過於有時在郊外的大馬路上，急駛而過的不丹獨一無二「華麗大卡車」。那像是要去赴一場歡樂的化妝舞會，從卡車的正面、側面甚至車尾，都充滿著那「俗又有力」的精心裝扮。

　　車頭上，有美麗的媚眼、彎彎的柳月眉，那像一張大嘴巴上面，還有一隻展翅的老鷹。當然，頭頂上可是少不了最虔誠的信仰表徵──中為佛陀、左為蓮花生大士、右為四臂觀音，然後兩旁有法輪造型的警示小紅燈；在其下一排是「八吉祥」圖案──寶幢、雙魚、法螺、蓮花、寶瓶、無盡結、華蓋、法輪，在這八吉祥的正中間有個象徵財富的摩尼寶。可別看它只是裝扮花俏，其他一切卡車應有的基本配備等，可是五臟俱全，一樣也不缺。

　　當第一次看到這種造型的大卡車時，我活像個粉絲，興奮地跑去跟它拍照。

　　其實，以前我去印度時，也有看到過類似這樣造型的大卡車，不過或許是地方的氛圍不同，印度的街景相對較雜亂，時而充滿刺鼻的濃香，卡車車身上的神像，多為是印度教的神祇，雖然也是充滿著異國文化特色，但是總覺少了一份那種親和。

光鮮整潔的計程車

　　這是不丹廷布市內的計程車，跟我們想像的全然不同吧！它其實就是個廂型車，看起來似乎可以容納更多的乘客。計程車外表打理得很光鮮、整潔，價格也合理公道，不用像到印度或尼泊爾時，常要討價還價，還要擔心坐上車，會不會有危險。

古色古香加油站

　　第一次經過這個地方，很難想像這個古色古香的建築就是加油站。位
於廷布市中心的加油站，仍然維持著不丹傳統建築的一貫風格，它位於
市區內，卻與附近的商店、民居以及背後的山景，那麼協調地相融。

6

文化傳承的幸福 ——
工藝、郵票、
飲食、射箭、慶典

手工藝術直接反應一個國家的文化
展現出平民百姓的思想、喜好與智慧
佛教深蘊的不丹
在寧靜的色彩中
展現了鮮活的生命力
在樸實的形式中　細訴婉約的溫柔

不丹傳統工藝

　　如果有人要我用一句話，來形容不丹的手工藝術，我會這樣說：「不丹工藝的展現，在其國內隨處可見；所展現的內容，也極其相似、重複。但是，再怎麼看，也不會感到厭倦，甚至，還醉心其中。」

不丹的傳統手工藝術，其最大的特色，就是充分反映出不丹王國的獨特心靈信仰——佛教。

　　在我初次去不丹，從乘坐著不丹皇家航空飛機開始，那架機身上有著不丹國旗的圖樣，國旗上的白色祥龍，在高空中飛翔，載著我降落在巴羅機場上開始，我第一次踏上不丹這塊土地，最令我眼睛一亮的就是那莊嚴如廟宇的建築——迎賓大廳。

　　進入迎賓大廳，會看到許多佛教的各種吉祥圖案，妝點在白色的牆壁上。真的是一個好特別的國度，我每次踏在不丹的土地上，都會有這種驚嘆。甚至在每次我帶著考察團來參訪時，他們一下飛機，就立即拿著相機喀嚓喀嚓地拍照著眼前這一棟獨特的建築時，好似那時，我心中也有一種歡喜、一種驕傲，這就是不丹。

　　手工藝術是最能反應一個國家的文化，反映他們百姓的思想、喜好與

智慧。如果從這樣的觀點來切入觀察不丹的手工藝，很快就可以發現一個結論──充滿佛教色彩的國度，一個深受佛教思想、價值觀影響的境域。如果要去探究不丹傳統工藝的由來，當然不可否認，她的來源始自於西藏的傳統工藝，這跟整個不丹的歷史背景演化有關。

話雖如此，但是在夏宗法王於 1616 年從西藏來到不丹，以及在他統一不丹之後，他決定要讓不丹與西藏文化有所區隔，於是他開始做了許多規畫與創舉，其間包括不丹傳統文化上的制定。這個文化上的區隔出現，同等地，也影響到後續不丹的傳統工藝上的發展和特色。

舉個例來說，當我還沒去過不丹之前，在我腦海裡很難分辨不丹與西藏的區別和差異，因為他們在許多傳統文化的外相上，是有那麼多的雷同與相似，但是在我親自去過不丹之後，至少我就可以從最基礎的傳統服飾上，去分辨不丹與西藏的差別。

不丹傳統 13 種工藝

不丹傳統工藝的內容，主要包括：紡織、繪畫、雕刻、泥塑、刺繡、裁縫、鑄造、竹編、造紙等等傳統手工藝術。

儘管不丹傳統工藝品的銷售市場不大，但是政府基於對傳統文化的支持與重視，仍然繼續推動傳統工藝的發展和訓練。目前不丹境內有兩所專門教授傳統工藝的學校，稱為「Zorig Chosum（13 種工藝，即教授13 種傳統工藝的學校）」。一所位在首都廷布（Thimphu）；另一所則在不丹東部的扎西央遮（Trashi Yangtse）。

這不丹傳統 13 種工藝的內容，如下：

1. 造紙（Dezo）：不丹人一向使用自製的手工紙（deysho），主要是利用月桂樹的樹皮和藤蔓植物的膠所製。手工紙多運用於佛教經文的印刷、傳統書籍和禮品包裝，耐用、不易有蟲蛀現象。

2. 石工（Dozo）：指建築物外牆的石造工藝，如石造的水池，宗、寺院、佛塔和其他建築物的外牆。

3. 鍛造（Garzo）：包括金屬器具、刀、、劍、農作用具、鍊條、飛鏢等

4. 泥塑（Jinzo）：黏土是不丹雕塑的傳統素材，主要製作佛教塑像和慶典儀式的用品。

5. 繪畫（Lhazo）：不丹的繪畫藝術，大都以佛教題材為主。繪畫的展現型態包括：唐卡畫像（一種佛教的卷軸畫）、壁畫，以及彩繪於各種傢俱、窗戶、門框、藝術品等的繪畫藝術。

6. 鑄造（Lugzo）：製作青銅屋頂、銅佛、銅鐘、佛教法器等工藝。

7. 雕刻（Parzo）：雕刻於木材、板岩或石頭的一種工藝。包括：印製佛教經文用的木刻版、面具、傢俱、佛龕、佛堂等。

8. 木材車削（Shagzo）：製作各種大小規格的杯子、木碗、盤等容器。

9. 木工（Shingzo）：於建設宗和寺院建築物的木作工程。

10. 編織（Thagzo）：紡織者兩手駕馭著直線與橫線的編織工夫，創造出精細繁複的圖紋式樣。

11. 打金銀技術（Trözo）：製作金、銀、銅的珠寶飾品，法器、節慶用品以及實用的家用品等。

12. 藤竹工藝（Tshazo）：運用竹子及籐木，生產弓、箭、籃子、酒器，生活用具、樂器，圍欄及墊子等。

13. 刺繡（Tshemazo）：使用針線縫繡各式的花紋圖樣於布料、衣服或靴子上，或是做成複雜的貼花唐卡（宗教壁掛）。

　　以上這些不丹傳統工藝，除了製作來供自己使用外，居民也利用農閒或是空檔時間製作多餘的產品，送到市場去販售，以增加家庭的收入。至於品質高超、手藝精湛的工藝品，則往往被用來收藏，市場的價格也相對偏高。

　　另外，在不丹寺院隨處可見的壁畫和唐卡藝術，是最令人矚目的風情，不僅令外地的觀光客流連忘返，同時也讓人的心境沐浴在一片祥和

的氛圍中。

而不丹傳統的唐卡捲軸畫，主要的繪畫方式，是使用當地礦、植物為色料，題材多樣，以描述佛教故事為主。而畫中主體造型的大小比例、面容、姿態、服飾、背景等，完全遵循嚴格的規制來繪製，而畫唐卡的畫者，必須對佛法有一定認識，作品才能莊嚴有靈氣。而一幅大尺寸的唐卡，動輒得花上幾個月時間才能完成。

TIPS　不丹的木刻

木刻是一門不丹古老的工藝，在現代的不丹仍扮演著重要的角色。飄揚在不丹遼闊山脊的經幡，都是藉由木塊雕刻版所印刷而成。

雕刻工藝不局限於木材，另有石頭、石版雕刻，不過還是以木雕最常見，因為它慣用於印製傳統書籍的印刷版模，至今仍受到推崇。在進行雕刻的前一年，木匠通常會大量採集木材並曬乾，再為寺廟、辦公室及公共建築等裝飾窗框和樑柱，其高超的木雕技藝眾所皆知。

不丹的紡織和傳統服飾

不丹紡織品巧奪天工的工藝，逐漸受外界所鍾愛收藏，並在世界各地展出。

　　在早期不丹尚處於以物易物的年代時，人民繳納的稅賦是以布料繳納的，在當時衡量一個人的財富，往往是以他所擁有的幗（gho）或旗拉（kira）來評斷，而且衡量的標準不僅是依據幗或旗拉的數量，更重要的是它們的品質。當時不丹的紡織品被視同財產，如黃金或貨幣一樣可用於交易。

　　時至今日，不丹人仍舊以布料作為贈禮，即便到了 21 世紀的現代，不丹人對手工織品的愛好仍然勝過機械織品，尤其是參加每年重要的宗教節慶活動，如：策秋（Tsechu），或是重要的慶典、聚會時，從衣櫃中取出自己最珍愛的幗和旗拉來穿著，是不丹人心中毫不考慮的選擇。

　　不丹的編織者，幾乎全是女性，他們以能夠製造出花色絢爛繽紛的美麗紡織品而聞名。這些不丹紡織品直至近年才方為外界所知，然而也因其如此不同凡響，開始被歐美許多私人作為收藏，以及博物館列為主題

展品。

　　不丹紡織品大都是棉製，但也有品質與式樣皆十分卓越的棉織混紡或是純絲織品。高品質的傳統紡織中心大都位於不丹西部，而本塘（Bumthang）的一些村落，則是以那條狀花紋的羊毛織品而聞名。

　　雖然不丹大部分的紡織者，都會使用同樣的基本圖案，卻是以不同的花樣組合製作，所以每項紡織品都是獨一無二，編織出的作品也是精美獨特。

　　國外對不丹織物的品質評價甚高，紡織者他們兩手駕馭著直線與橫線的編織工夫也是出神入化，這種技巧十分費工，卻能創造出精細繁複的圖紋式樣。

　　而紡織在不丹除了某些專職的紡織人員外，大部分的民眾也會利用空閑的時間作為兼職的工作：有些人被雇用替貴族紡織衣物；農家則是為自家需求而紡織；但許多人不單是為了自家使用而紡織，也會拿到當地店家或較大型販售中心販賣，來貼補家用。

　　不丹獨特的紡織工藝與技術，其歷史可追溯至 17 世紀。尤其旗拉那

細緻且錯綜複雜的花樣常常是藉由母傳女，而得以在不丹的某些地區世代傳承下去。

不丹男女傳統服飾——幗（Gho）與旗拉（Kira）

到過許多的國家和地區，很難找到像不丹這個國境，他們的人民在21世紀的現代，仍保持穿著他們的傳統服飾，自信裡散發著那簡樸中的幸福光彩。

今日的世界，受到歐美文化的影響，保有傳統服飾文化的國家已不多，而不丹，是其中少數的一個。當然，不丹之所以能夠保存傳統服飾文化至今，與國家努力地推廣、維護，以及全民的認同與配合有很大的關聯。不丹政府運用各種方式維繫著人民對傳統服飾的認同，他們以身作則，從上至下的落實要求，例如：他們明文規定，到政府機關上班或拜訪、去學校上課，或是參與重要的宗教慶典，都得穿著正式的傳統服飾，而且其傳統服飾的禮儀也十分講究。

不丹的男性傳統服飾稱「Gho」（幗），女性稱「Kira」（旗拉）。不丹人習慣穿著傳統服飾出席正式場合或節慶。

一般而言，不丹的傳統男性服飾為寬的長袍，圖紋多為格狀條紋的設計，通常長袍內還要加穿一件白色的棉質內襯衣。男袍及膝，稱「幗（Gol）」，樣式是一種有寬大長袖和V形領的袍服，胸前將左衣襟覆蓋在右衣襟上，然後再調整袍子的長度，長度約及膝（不可過膝，過膝只有國王才有的長度），再用一條寬腰帶束緊固定；穿好後，將白色襯衣的袖子反折出來，露出一定的長度，最後再搭配深色長統襪。

由於此種男性長袍，上半身兩襟交疊，自然形成一個深廣、實用的口

　　袋，不丹男性常將自己隨身的物品、手機等，甚至文件書籍都放入其內，有時腰腹鼓鼓的模樣，看起來甚為有趣。

　　而在出入宗或寺院，以及拜會高官、國家節慶活動等，除了傳統服飾外，男性的肩上還需要配掛一條披巾（Kabney）。

　　不丹女性的傳統服飾 Kira 為一件連身長裙。其實，那是一條寬長、有著美麗條紋，由手工所編織而成的長布，穿戴在身上成為連身的長裙，肩膀處以銀飾鉤環（Koma）來固定，長度及足踝；然後再內搭一件長袖的襯衣（Wonja），最後加上一件外套（Tego），穿著時，將襯衣的袖子反折出來，露出一定的長度。三件成套，就成為非常正式而華麗的妝扮。同樣地，在出入宗或寺院，以及正式的官方活動時，則肩上還需配掛一條披巾（Rachu）。

　　有時，走在不丹的街頭上，會看到有些女性，雖然身著 Kira，但沒搭配外套，這是較為休閒的穿法。年輕的女孩，穿著此形式的 Kira，身材顯得婀娜多姿，美麗動人。

旗拉（kira）
銀飾鉤環（Koma）
外套（Tego）
披巾（Rachu）
腰帶

圖片來源：2010 年 10 月份 Vogue 時尚雜誌之「People are talk about Grace Huang」
攝影師：專業攝影師 YOSHI CHANG

　　旗拉的顏色通常光采豔麗，無論是條紋、顏色或是圖案，常是不丹女性的精心傑作，甚至是獨家私藏的祕密，只等待在最特別的時節或場合來穿戴展現。

　　不丹法律規定，出席正式場合，尤其是出入寺院、政教中心，人民不僅必須穿著傳統服飾，而且還要披掛巾帶。例如一般不丹男性會加圍一條白色的披巾；而在官方單位，披巾顏色同時也代表著不同身分地位，例如：國王穿戴黃色披巾、部長披戴橘色、國會議員為藍色等。而女性則在左肩上披掛有美麗圖案的彩色肩帶。

　　後來數度去不丹，開始能理解 Kira 對不丹女性的重要性，就如同有

些人心醉於 Chanel、Gucci 等時尚服飾，這種精細手工，採用高級的絲料編織，歷時數月完成的琪拉，只有在出席最重要的場合和宗教節慶時才會穿成套的 Kira。

精緻華美的 Kira 透過不同絲線的顏色，交織出不同的花紋圖騰。以 Kira 最重要的那塊長形方布而言，由棉與純絲混織，絲質愈多價錢愈高，也有全件以純絲織成，價格更為驚人。除了質料，複雜、獨特的圖騰設計也是重點，因此質料與設計，可能讓整套 Kira 的價錢從幾千元到十幾萬台幣不等。

有一回，我與考察團一行人受邀前去某省首長家中，在閒聊中，知道女主人自己典藏許多美麗獨特的琪拉，我們表示希望能夠見識一下不丹傳統服飾的精湛工藝，女主人盛情地從房裡拿出她最珍藏的旗拉來讓大家欣賞，正當我們一面觀看、一面連聲讚嘆的時候，一旁的攝影師也拿起相機開始對這些美輪美奐的琪拉拍照，只見女主人瞬間露出緊張、不悅的神情，她立即說：「你要做什麼？！」當場大家都愣了一下，攝影師委委說道：「我覺得它們工藝很獨特，圖樣花色很美，所以想拍照起來做紀念。」

這時，女主人才緩緩說出她心中話：其中有一件是特別為她女兒所編織的琪拉，將來要做為她的新嫁裳。並且補充說明，她如何利用不同顏色的絲線，設計不同的圖騰式樣，花上數月的時間完成的，這可是她的精心傑作啊，她非常的珍愛，甚且不希望琪拉上的圖案，在女兒未穿上前，就曝了光。

那一次，我才真正體會，「琪拉」對不丹女性的重要性，而不丹女性的才藝及美感全都展現在琪拉上，一件獨一無二的琪拉，比我們認知的名牌還要珍貴。

◈ TIPS 嘎涅（Kabney）──男性的披巾

不丹男性在進入宗或寺廟時，或是參加國家正式隆重的場合時，除了要穿著不丹的傳統服飾外，同時身上還要披一條正式的披巾 --- 嘎涅（Kabney）。嘎涅大約寬 90 公分，長 3 公尺，質料通常是棉或生絲，兩端有流蘇。身披著嘎涅是不丹人的重要禮儀，有正確的穿戴與垂掛方式，因此在向國王或是重要大官行禮時，可以合宜的展開。通常披掛在左肩，顏色有階級之分。

由於不丹是個佛教國度，很多習俗禮儀受佛教影響很大，若從歷史上來觀察，嘎涅應該是由西藏僧侶的僧袍演變而來。

嘎涅不是日常生活的服飾配件，通常都拿在手上或是放在車上，等到要進入宗或是寺院時才會披上。而不丹的官員中，具有某種層級以上的官員（如 Dasho），除了進入政府辦公地方需要戴上自己所屬的特別樣式的披巾之外，腰上還會配掛上一把劍（Patang）。

一般平民百姓是披帶著白色絲或棉質的嘎涅，而不同身分有不同顏色的區別：

黃色：國王和傑堪布

橘紅色：總理和部長級（宗卡語：倫千 Lyonchhen 總理、倫布 Lyonpos 部長）

藍色：國會議員

紅色：擁有 Dasho（一種官階名）頭銜者，或是由國王所認可的資深的官員。

白底紅條紋：Gups

白底藍條紋：Chimis

◈ TIPS　喇秋（Rachu）——女性的披巾

女性身上所佩戴的披巾，稱為「喇秋」，那是一條顏色鮮豔的披肩，
比男性的披巾嘎涅要來得小，寬約 23 公分（一般會再對折一半），長
約 2 公尺，形成一條可垂掛在左肩的披巾。佩戴時，會把喇秋的長度
再對折一半，大約居中放在肩上，然後有流蘇的部分，垂掛在前頭。
在過去的年代，喇秋的寬度較大，不丹女性平常可以將喇秋攤開來，
當作背帶將小孩綁在背上，在正式場合時，則折成三分之一的寬度當
作披巾使用。

現代版的喇秋，是事先摺好寬度大小的披巾，等到出入宗或是寺院，
以及參加正式的國家慶典時，就可以直接披戴在左肩上。

傳統喇秋是絲綢或生絲編織而成的，一般都是色彩鮮明奪目，其上的
圖樣多采多姿，兩端並有精巧的刺繡與流蘇。

◈ TIPS　傳統布靴

在宗教節慶或出席國家正式場合
時，常會見到有些不丹男性穿著手
工縫製、繡有美麗圖紋或貼花的布
靴。此外，也有長至腳踝的婦女短
布靴。

不丹的郵票

Source from The Bhutan Postal Corporation Ltd

在大學時代，我就有集郵的嗜好，所以當我第一次看到不丹的郵票時，馬上深深被它所深深吸引。於是，每一回只要我去不丹，我幾乎都會去他們的郵政局購買郵票。回到台灣，將不丹郵票送給好友時，也常會得到他們讚賞歡喜的回應。

60 年代，不丹郵票在集郵界中卻已享有盛名。不丹在郵票設計、印製和材質的多樣性上，一直處於世界領先地位，並多次在國際郵展上獲獎。

1962 年，當不丹推出了第一張國際郵政郵票後，不僅引起了集郵界的矚目，更成為不丹日後重要的財政收入。

說到不丹郵票，不得不提到對不丹郵票有很重大貢獻的一位美國人，

他的名字叫做陶德（Burt Kerr Todd）。他出生於 1924 年美國匹茨堡一個富有的鋼鐵世家。他自幼就非常的靈活聰慧，後來到英國的牛津大學讀書時，在那裡他認識了一位錫金公主，這位公主就是後來不丹第三世國王的皇后。為了幫助這個國家脫離封閉狀況，進入國際社會，他說服不丹國王發行不丹郵票，透過信件的傳遞，郵票的流通，不僅讓更多人認識不丹，同時也能增加國政的收入。

　　不丹雖然是個小國，郵政發展也較晚，但是從她 1962 年開始發行第一套郵票開始，就在集郵界頗負盛名。她以屢次發行各種不同材質、形狀、創意設計的新奇郵票而聞名。以下就不丹郵票的種類，分別介紹：

特殊材質

　　不丹是全世界使用最多特殊材料、技術，來印製郵票的世界記錄保持者。

金箔郵票

　　1966 年，不丹發行首套金箔郵票。這套郵票材料採用金箔，以凸雕版印製。7 月 8 日所發行的那套金箔郵票，一式 9 張，其上的內容為不丹二世國王像，和兩條龍中間所圍十字金剛杵的圖片，那套郵票紀念不丹王國 40 紀念主圖面是不丹銅幣背面圖案為票圖。1968 年 11 月 12 日，當地郵署再度發行一套金箔郵票，一套 3 枚，係響應國際人權節而發行

金箔郵票

的。另外在 1972 年發行一套第三世國王的金箔郵票，那一年他過世，以此套郵票來紀念他。

油畫郵票

這也是世界第一張有壓紋與質地的郵票，發行於 1968 年，在印刷過程中，運用壓花的方式，模仿原始畫家的筆觸，來呈現油畫的效果。

鋼箔郵票

不丹在 1969 年發行過一套鋼箔郵票，全套 12 枚，印在 0.025 毫米厚的鋼箔上，分別介紹了世界鋼鐵生產的歷史發展進程。

絲織郵票

1969 年不丹發行一套印在了絲織品上的郵票，1 套 5 張，表現的是絲織的佛教畫，類似西藏的唐卡。

浮雕郵票

於 1971 年不丹印製了全世界首創的浮雕郵票，這也是全世界第一張由 100% 塑膠材質所製成的郵票，以壓塑的方式製作而成。

香片郵票

此款郵票發行於 1973 年，是不丹政府的另一項創舉。郵票中印有不

油畫郵票

絲織郵票 　　　　　　浮雕郵票

3D 立體郵票

同品種的玫瑰花，還有其各別不同的真實香氣。據說耗費了一年多的時間發展，在印刷油墨中添加玫瑰花的香氣，這是全世界第一張有香味的郵票。

3D 立體郵票

　　1967 年不丹發行了世界第一種 3D 立體郵票，這類郵票是以當時著名的 3D 印刷技術所製作。它在紙質圖案上覆蓋一薄層透明塑膠，透明塑膠上事先模壓了細微的棱鏡形肋紋，透過兩眼看到棱鏡形肋紋下的圖像有一定的視差，因而產生立體效果，這種郵票比一般郵票要厚一些。

該套郵票共 12 枚，圖案為不同的飛航員和航天器。此後，從 1968 年到 1976 年，不丹利用這種技術所發行的 3D 立體郵票約計 14 套，總數量超過 130 種，涉及蝴蝶、昆蟲、鳥類、動物，海洋熱帶魚、蘑菇，阿波羅和老爺車等各種當時熱門專題。

各種造型郵票

鳥類郵票

十二生肖郵票

民俗郵票

Folktales of Bhutan

THE WHITE BIRD

SING SING LHAMO AND THE MOON

THE HOOPOE

THE CLOUD FAIRIES

THE THREE WISHES

THE ABOMINABLE SNOWMAN

不丹首日封

特殊風情

宗教民俗文化的郵票：舉凡十二生肖的郵票、民間神話故事、金剛舞、宗教節慶，不丹的傳統建築、橋樑、自然環境、生態，動物、植物、花卉等不同主題的郵票。

影音郵票

唱片郵票

不丹郵政部門於 1973 年 4 月 15 日，採納了美國人陶德（Burt Kerr Todd）的建議，發行了世界上第一套唱片郵票，全套共 7 張。

這套唱片郵票用塑料薄片所製成，其上錄製著不丹國歌、民歌和歷史解說，既可以貼寄在信封上郵寄，又可放在唱盤機上播放。這樣不僅可以達到宣傳和發展不丹旅遊的效果，還因此別出心裁的創舉，使得唱片郵票一發行就受到廣大集郵者的喜愛，據說，當時很快就被集郵者搶購一空。

這套唱片郵票的外圈有唱盤的密紋，內圈部分印有不丹國名、郵票面值及圖案，背面有黃色的襯紙，沒有背膠。第 1 到 5 張直徑 6.8 公分，為普通郵票，內圈部分的圖案為兩條龍各據一邊；第 6 到 7 張直徑 10 公分，為航空郵票，郵票中心部分印有八吉祥圖，充滿了佛教的圖騰特色。

CD 郵票——會說話的郵票

在經過了 35 年之後，不丹郵票又推出了一套影音郵票。2008 年 2 月 21 日，不丹發行了世界上第一套 CD-ROM（唯讀光碟）郵票。每張光碟直徑 8 公分，約可放 8 分鐘的影音光碟。光碟放在邊長為 9.5 公分的方形封套裡。封套正面印裝飾性圖文，背面有可黏貼的背膠，可以貼在一個大信封上實際寄出。

2008 年為慶祝不丹王國君主制的 100 年週年紀念（第五任國王的加冕典禮和簽署新的憲法，不丹開始走向民主政治）。於是不丹發行第一

張 CD-ROM 郵票，記錄這些歷史事件。而設計推出這套郵票的人，正是陶德（Burt Kerr Todd）的女兒法蘭西斯（Frances Todd Stewart），她承繼了他父親 35 年前設計世界第一套唱片郵票的創意，她為不丹的君主王國百年紀念，設計了世界第一套會說話的 CD 郵票，具有很特別的意義，也為不丹的君主政治走向民主憲政的新遠景，做了時代的見證。

不丹飲食文化——樸實中的刺激滋味

　　相對於我們台灣這個美食寶島而言，不丹飲食就顯得非常地簡單而樸實。但是也千萬不要小看那「樸實」的滋味，他們的國菜「ema dat-shi」辣椒煮起司，可是會讓你舌苔久久難忘那刺激的辣滋味……但是對於那喜愛重辣口味的美食者而言，它的辣滋味，不僅會讓人多吃好幾碗白飯，還會讓人上癮，難忘那辣中帶回麻的好滋味。

　　在一次的考察旅程中，同行的知名攝影師何經泰先生，他相當愛吃辣，每回用餐時刻，我們要檢驗這道不丹菜的辣味等級有多高，只要觀察他額頭上的汗水有多少，就明白有多辣。有一回，我們看到他吃其中的一道菜，汗如雨下，還滿臉通紅，但是卻直呼過癮，怕辣的人就趕緊閃開那道菜，一口也不敢吃。

　　來到不丹，如果你只是待在飯店的餐廳裡吃飯，那麼你很難體驗那傳統飲食的不丹味。即使是飯店提供國菜「ema datshi 辣椒煮起司」給觀光客，大部分在辣的等級上，已經降低很多，而一般人吃起來也覺得很開胃、下飯。

　　不丹人的飲食，有些部分跟西藏有些雷同，比如說：他們也喝鹹的酥

奶茶；也吃所謂的「模模」（momo）（類似於我們台灣常吃的蒸餃，只是裡面的餡，包的多是牛肉加上洋蔥這樣的內餡。）。他們的飲食偏辣又重鹹，對我這個習慣口味清淡的人而言，每次點菜，我都不忘要交代：請放一半的鹽就好。

在不丹過去的年代，其實日子比現在更加刻苦，一般人民所吃的食物，極其簡單，往往一道「起司煮辣椒」的菜，加上一大盤的白飯，就可以讓他們感到相當滿足。另外，由於不丹的經濟是以農牧為主，這樣的生活型態常常需要大量的體力，就如同我們台灣早期的社會，都是以勞動力來賺取生活的收入，這時只要一道夠鹹的菜，就可以讓我們配著好幾碗的白飯，肚子很快得到飽足，而工作也有體力。

但是，我去了不丹這麼多次，發覺他們偏重辣、尤其偏重鹹的飲食習慣，其實也在逐漸地改善當中。我是個愛作夢的人，每回我在不丹的餐廳吃飯，或是去逛他們的傳統市場，我腦海就開始在幻想：我應該可以在台灣組個美食團，然後來不丹做個美食競賽，挑戰廚師們的技藝，在極有限的廚房器材設備中，如何運用不丹現有的天然食材，成為各種特

歡樂的慶典

　　不丹每年最重要的活動，莫過於歡樂的宗教節慶。宗教活動是一場地方的盛會，除了寺院依照傳統的宗教慶典儀式，祈求國泰民安，風調雨順之外，它也成為地區民眾交誼互動、年輕男女認識交流的好時機。

　　每年於不同的宗及寺院，皆有固定舉行的傳統宗教節慶（不丹語稱Tshechus，策秋），那是一場隆重盛大的宗教祈福慶典，家家戶戶扶老攜幼，不分男女老少，穿戴著最華麗的服飾，來參與這一年一度的大活動，共同將內心深切的信仰與祝禱傳達予諸佛菩薩知道。

　　傳統節慶多訂於不丹曆（日期相當於農曆）的 10 號舉行，一般會持續 3 天。整場慶典中，除了宗教的儀式過程，最令人矚目的節目就是金剛舞，又稱面具舞。面具舞由僧侶們戴上面具演出，手工製作的面具，有鳥獸人物的面孔，或怒或嗔，其呈現上皆有獨特的意義，而所穿著的服飾也相當講究。每個舞蹈動作、舞步，都代表著深刻的意含，其最重要的目的，就是要將一切凡間的障礙與邪魔等，予以驅除降伏，為未來

帶來祥和與昌盛。藉由金剛舞，向諸佛眾神祈禱風調雨順、國泰民安，也圓滿人們心中的祈願。

國慶日

　　不丹的國慶日是 12 月 17 日。這個國慶日的由來，主要跟第一世國王烏金‧旺楚克（Ugyen Wangchuck）有關。他於 1907 年，被所有地方首領和中央寺院一致推舉為第一任不丹國王，並於 12 月 17 日接受正式的加冕。而後，不丹就將此日訂為不丹的國慶日。

每年在首都廷布的這一天，那是不丹一年一度的大事，就如同歡樂的慶典一般，所有的民眾會聚集在市中心 Changlimithang（千哩密湯）大廣場內，這個大廣場其實是個多用途的運動場，平日用來舉辦射箭和足球比賽。

　　國慶日當天，所有的大小官員全部會出席這場年度的盛會，每個人都穿戴著最正式的服裝、最華麗的衣飾，在正式慶典開始前，重要的國際貴賓與官員們，於各個貴賓席中分別坐定就位，民眾席上，人們穿戴著自己最喜愛的傳統服飾，五顏六色繽紛的色彩，呼應著這歡樂而莊嚴的氣氛。

　　國慶大典開始，依照著傳統的不丹國慶儀式，首先出現的是一尊人身大小的第一世國王的坐姿塑像，安坐在轎子內由守衛抬出，再來現任的第五世國王再接著出席。經過就是祈福的儀式，然後軍、警、國王的守衛儀隊表演，以及不丹傳統的歌舞表演。

　　在慶典的最後，在大會場中央的表演歌舞會上，會一起邀請貴賓席上的貴賓們加入跳著團體舞，那是由不丹的傳統舞者帶領著大家一起圍個大圓圈，一同舞蹈，為今日的國家慶典畫下圓滿的句點。

幸福樂土的治國政策
─ GNH（國家幸福指數）

我們看到不丹環境的美好

人民的和善　傳統文化特質鮮明

整體環境的治安良好

在悠閒徜徉之餘

不禁會想　如果這個世界

以這樣的模式來運作

那麼地球至少可以多存活個一萬年

不丹的幸福模式

是他們用心經營而來的

不丹從閉鎖　開放　走向現代

在這個過程中　許多的自醒　自覺

他們的堅持和努力　非常值得世界學習

不丹人真的幸福嗎？

常常有人問我：「你去過不丹這麼多次，你覺得不丹人真的幸福嗎？」甚至還有人問我：「妳如何認為不丹人的幸福也能為台灣人帶來幸福？」「他們是不是生活得很閉鎖，所以覺得很幸福？」

「不丹人的幸福真值得台灣學習嗎？」

「他們是不是因為『無知』，所以覺得幸福？」

他們直刺刺的問題，雖然沒有讓我招架不住，但是也一直衝擊著我，讓我一次又一次地審思「幸福」、「快樂」這個問題。

還記得 2010 年 9 月份我所籌組的「台灣、不丹 GNH 幸福考察團」，當時這樣一行人，經過了 8 天的考察與旅行，大家共同的心得是：「在不丹，真的還是能有那種感動，能體會到幸福力這種東西。」

當然，在過去也有許多人，不以為然地說：「不丹應該更開放民主。」「許多政策的推廣、制定不夠完善。」……等等。但是至少，對短暫停留的遊客而言，我們看到不丹環境的美好，人民的和善，傳統文化特質鮮明，整體環境的治安良好等等，在悠閒徜徉之餘，不禁會想，就如同

我在幸福之地・不丹

商周創辦人金惟純先生所說的：「如果這個世界，以這樣的模式來運作，那麼地球可以多存活個一萬年沒有問題；但是如果是以現代發展經濟的思維模式，那麼我們不知道地球還可以存活多久？」

這句話道出了一個關鍵：「不丹的幸福模式，是他們努力堅持、用心經營而來的，這絕對不是『無知』下的結果，也不是國王長期來『愚弄百姓』所得到的成績。」

另外說到：「不丹的幸福，是不是可以適用於台灣？台灣能接受不丹的幸福模式嗎？」

我想有一個答案是肯定的：台灣當然不可能在形式上，完全仿照不丹的發展自己幸福的方式。台灣要得到幸福、追求幸福，最終一定可以找到一個適合的出口，找出一條屬於台灣自己的「幸福模式」，台灣的GNH（國家幸福指數）。然而，不丹在近百年內，從閉鎖、開放、走向現代，在這個過程中，許多的自醒、自覺，他們的堅持和努力，是非常值得世界來學習。

總理與我分享不丹的幸福模式

下面，我想以在 2009 年第一次與總理相會時，他對我分享他們國家的GNH。身為國家的治理者，對於不丹的幸福，他說明了一段心路歷程：

GNH──追求身心平衡的發展

當時，我先向總理請教說：「我從許多的書籍以及報章雜誌的報導中得知「GNH」，是不丹非常重要的立國政策。據我所知，這個政策概念的創始者是不丹第四任的國王，而您卻是這個政策執行的關鍵人，能不能請您與我分享一下您的心得？」

總理聽完後，很開心我對這個議題這麼有興趣，於是說道：「不丹在

整個現代化的過程中，是以 GNH 國民幸福指數這個主義作為準繩。這是基於『發展必須帶來幸福』的信念。

「為了發展而發展，是沒有意義的；為了獲得財富而失去幸福，更是毫無道理。我們的第四任國王，當他在十六歲半成為國王時，問了這個問題：『不丹發展的目標是什麼？我們想讓不丹達到的什麼樣的狀態？』於是，他開始觀察各個已開發國家中，是否有適合不丹跟隨的榜樣，卻沒能找到任何的楷模。

「他發現到，有許多國家在快速經濟發展過程中，變得非常富裕而繁榮，但是他們的人民卻感到不快樂。在發展過程，這些國家無形中流失他們的傳統文化、價值觀，自然生態環境也遭受嚴重的破壞。

「於是，國王的結論是：發展的意義以及目的，應該是要讓每個人都幸福快樂。那麼不丹國王的責任，就是要創造一個所有人民都能獲得幸福的環境。

「國王他又自問，那麼幸福快樂的定義是什麼？如何才能獲得真實的幸福？國王再次地審視與仁波切僧侶們的對談。得到的結論是：若你想要獲得幸福，你必須在生命中找到平衡，也就是身心的平衡；僅僅擁有物質上的財富，金錢、豪宅、車子、巨額存款，並沒有辦法得到幸福，它必須相對於你的精神、心靈同時平衡地發展。若你能同時擁有物質上的財富與精神上的財富，那就是最大的幸福。

「在大多數國家的發展經驗當中，他們通常只偏重於物質及經濟層面上的成長，在精神層面上卻顯得貧乏而不快樂，身心並沒有得到平衡。而 GNH 則是要追求讓人民的精神與物質一同成長。」

總理對我娓娓道來，第四世國王在提出 GNH 前，他對國際經濟發展的觀察與思維，以及不丹如何在最後，走出一條適合自己的幸福之道。

我心想：GNH 這個理念是講求身心的均衡發展，但是要如何落實在實際政策面上來實踐，恐怕也是一種挑戰。於是，我請總理向我解說：「不丹是如何來推動 GNH 政策？」

GNH 包括四個主要的要項

　　總理提出了不丹在 GNH 上的實際作法，他說道：「對不丹而言，精神層面的發展，當然是以佛法的精神來作為代表。所以，精神層面的提升與經濟發展是必須兼顧而同時並行的，這就是不丹目前的作為。」

　　為了讓不丹人能獲得快樂，政府執行 GNH 的方式，提出了四項主要的策略和計畫：

　　1. 公平合理而持續的社會經濟發展：

　　　促進經濟、社會的平衡發展，每個人都能夠受教育，免費的醫療，好的公共建設、道路，人身安全的保障，諸如此類。來達到社會平等均衡的經濟發展。

　　2. 保護生態環境：

　　　不丹位於喜馬拉雅山脈旁，整體的環境是非常脆弱的，有時一點點的挖掘與破壞，都可能引起山崩與天然的災害。環境保護是我們與大自然合諧共處的重要方式，它們都是我們留給後代子孫最珍貴的資產。

　　3. 維護和推動傳統文化：

　　　我們希望能永遠是不丹人，希望能永遠是心靈的修持者，我們擁有很好的文化價值觀，敬重父母、長者，合諧相互照顧，推動

不丹傳統的藝術、建築、文學、慶典，這些都能夠維繫我們的文化能淵遠流長。

4. 良好的政府：

政府是一個國家幸福力的重要推手，現在不丹已經走向民主政治，這個目的就是要創造一個有效能、良好的政府，訂定好的政策，並且確實有效地去執行。

我認為如此一來，每個不丹人都能夠思考在發展經濟的同時，也能夠追求精神上的成長，得到快樂。這就是國民幸福指數（GNH）所希望達到的目標。」

GNH ── 未來世界的趨勢

對於總理所提的 GNH 四大政策，我明瞭於心，這個理念確實才是國家長治久安、人民能幸福安康之道。但是面對著不丹與外界互動越來越頻繁的情勢，還有國內也積極要發展經濟的同時，我還是提出了我的疑惑。

我向總理問道：「所以您在施政時，面臨著不丹對外的國際關係與國內經濟發展，仍然會以『國民幸福指數』來作為決策的參考和評估嗎？」

總理毫不猶豫地說：「這是肯定的，每當我們進行國內經濟發展計畫時，無論內容是關於環境、教育，任何國家推行的各種政令，甚至是外交政策當中，我們都會思考並自問：『這對國民幸福指數，對國家整體的幸福有好處嗎？』唯有該計畫對國民幸福總值有好處的時候，我們才會去實行它。所以，不丹與其他國家之間的差異就是：我們同時重視經濟與精神上的發展。只要我們能夠維持這樣的理念，我認為不丹將會是個人民幸福快樂的地方。

好消息是，如今越來越多的國家也認同不丹的 GNH 的理念。不只是亞洲國家，西方國家也是。同時，在諸如加拿大、英國、澳洲、荷蘭等國家，它們也開始實行相同的政策──國民幸福指數，也就是人民的物

質與精神上要平衡的重視與發展。

　　大約 1 個月前，我至法國訪問時，法國總統薩科齊也說了：『我們必須要改變我們的生活方式。』他當時所談的內容，就是 GNH 的內容。所以，當有更多的國家，開始認同與覺察這樣的事實與理念，那我認為人類社會的未來是會越來越好的。」

追求真實的幸福

　　我心想，這樣的治國理念和執行方式，對不丹這樣的佛教國度而言，因人民的信仰相同，容易推動；但若是與其他先進國家或人民信仰不同的國度交流互動，是否也可以得到了解和認同呢？

　　我將我的疑惑向總理請教：「不丹非常純粹地篤信佛教，相對於其他國家不同的信仰與文化價值觀，依您與他們實際的交流經驗，可否談一下您的心得？」

　　總理對於我的疑惑，一點也沒有顧慮地說：「在過去，對於大部分的人而言，會認為：GNH 只是對不丹這個國家適用而已。而現在，從各種現象和趨勢顯現，GNH 這種概念和想法，不只對不丹有利益，對佛教徒有好處，也適合於其他國家。不管你是基督教徒、伊斯蘭教徒，或者是其他任何的宗教信仰，也不管你是否是社會主義者。

　　「在過去，我曾經至中國訪問時，我和中國總理朱鎔基討論過所謂國民幸福指數（GNH）這個理念，他個人也相當認同。如今越來越多人相信國民幸福指數的概念，特別是在金融危機之後。

　　「所以，我想現在人們慢慢意識到，總體經濟結構、我們所追隨的這個系統國民生產毛額（GDP），要求要不停地成長，要求多還要更多，這樣的模式有很大的問題。人們開始意識到財富的不真實性，在銀行裡面的存款是多麼地無常。知道嗎？生命的最終，你才發覺所駕駛的勞斯萊斯是多麼地不真實，如同鏡花水月。

　　「什麼是『真實的』呢？最終、最簡單的評量方式是：每天晚上，當

你把頭靠在枕頭上時，你有多快樂？你所作的夢，有多麼舒適而撫慰人心，有多麼平靜？這樣的快樂與平靜，才是真實的。

「但是，相反地，當你早上起床，深信今天又是美好的一天，卻事與願違。你馬不停蹄地工作，不斷地賺錢，當擁有財富後，也擁有很多的朋友，大家一同歡笑；但是當你失敗、不順遂時，你卻獨自飲泣。於是，當你回到家，頭靠在枕頭上，你的內心並不平靜，輾轉難眠，滿心憂慮。然後，早上起床時，各種壓力蜂擁而上，接續擔心著如何面對各種問題，這樣的生命是不是讓人感到很悲慘？

「而在同時，全世界的氣候也在改變，地球逐漸暖化。各種的災難正在醞釀發生中，例如地震越來越多，各種天災、龍捲風、海嘯，都比以前更加頻繁。同樣的，臭氧層的破洞不斷在擴大，原本對我們有益的陽光，現在則是要擔心紫外線的危險會造成癌症。

「因為，這樣的結果，我們開始意識到，經濟發展的腳步必須要放慢。我們需要多點思考，是不是應該製造過多的商品，是否需要從地球上採掘更多礦物來製造商品。我們會發現，在所謂追求 GDP 之下，經濟無止盡的發展結果就是——無盡地擴大需求。例如：企業家從地球採掘金、銅等礦物，再加工製造成各式美麗耀眼的商品。而人們之所以購買，不

是因為他們『需要』，而是他們『想要』。

「這些無止盡的需求與擴張，造成我們對環境的污染也越來越嚴重。我認為，這些都是讓地球生病的主因。未來的世代所擁有的，可能是一個充滿著各種破壞、毒素的星球。

「9 月時我到日本訪問，在那裡的企業家也積極地想了解國民幸福指數的內容。11 月份我和日本總理會面，再次討論到國民幸福指數之事。所以，我認為現在的領導者開始在思維與反省，各領域的學者、專家們也開始在反思。我認為，他們會慢下腳步，找尋出一個更好、更能永續長存的生活方式。」

面對新世代的挑戰

在我來會見總理之前，已經發現到首都廷布市區，電視、網絡四處可見，從電視機可以開始收看到各國的訊息，到網路可以接收到各種的資訊……這些開放的便利，是否會對不丹帶來負面的影響？我心中不免會有這樣的憂慮，於是將想法告訴總理：「您對於這樣的現象，會有所擔憂和顧慮嗎？」

總理回答說：「你有此擔憂，但我們正在努力。如你所知道的，面臨變化的時代已經來臨了。但我認為，不丹人對於自己的文化、傳統價值觀、宗教，抱持著相當大的信念。所以，當年輕人看電視節目、看電影、接觸那些新的流行事物、嘻哈、音樂，諸如此類，我認為這只是暫時性的。他們的心終究會回來，因為我們的根基非常強大。我們的政策強調文化，教育系統也強調文化。除此之外，每年有很多不同的觀光客從外界來到不丹，尋求休憩。

像妳這樣的朋友會來到不丹，同時還穿上我們的旗拉（kira）。美國人來到這裡，也說：『哦，多美好的文化啊！』我們深感驕傲。當這些人這麼做時，不丹的人民會對自己感到驕傲與信心：『哦！不丹這裡必定是有很多優點的，受到外國人的欣賞與重視。』諸如此類，人民更加

珍視自己的文化，同時重視心靈成長，時時反思自覺，來與媒體網絡的負面影響對抗。」

我回答總理說：「是啊，在我與不丹人互動的經驗中，他們非常以身為不丹人為榮。他們穿著國服，驕傲並微笑地說著：我們是不丹人。」

總理笑著說：「是的，所以我們有信心，並且會繼續努力堅持執行下去。像提到『人際關係』這點，因為 GNH 是相當重視人際關係，特別是家庭關係，這也是我們的文化傳統之一。譬如說，當我出席宗教

慶典時，經常會看到祖父母、父母親、孩子們，整個家庭都聚集在一起，共同從事著各種活動和聚會，一起郊遊、野餐。這就代表著我們的家庭系統、社會，這樣的文化傳統還緊密地接合在一起。

「所謂家的意義，就是父親、母親還有孩子都緊密地在一起；在不丹的家庭結構裡，這規模則更加擴大。當有人過世，許多人都會來致意安慰；當有人生病，其他人都會來探病關懷；當新生兒誕生時，家族好友都會共同來慶賀。所以，我們的社會仍然是緊密相連的。

「共同社會的生活模式與價值觀仍然屹立不搖，這些都是讓我有理由與信心相信，GNH 將能繼續順利地推動。」

與總理互動的那段談話，我感受甚深。我看到不丹的領導者，如何運用智慧以及守護人民的深切心意，帶領不丹人民走向 21 世紀的未來。在不丹人以他們自身為榮時，我亦以他們為榮，他們的堅持和努力，沒有因為現實條件的不足或缺乏而放棄，反而更堅定、自信地邁步向前。

我所觀察到的幸福不丹

從第四任國吉美・辛格・旺楚克，約 1974 年提出不丹的立國政策
—— GNH，至今三十餘年，我們看到了他的成果。

第四世國王說道：「國民幸福指數（GNH）是遠遠重要於國民生產
毛額（GDP）。」這位 GNH 的創始者如是說。又說道：「不丹的真實
傳統文化價值，立基於慈悲、寬容與智慧之上。」

在此，我想透過我的觀察，來說明不丹為什麼可以比別人幸福？

幸福的價值觀：不丹人的生命觀

不丹是個以佛教立國，以心靈修持為主導的國家。佛教思想對不丹有
深切的影響，例如慈悲、智慧、合諧、布施的人文精神。

從遠古時期，不丹人民就信仰佛教。所以可以說佛教的許多思想、哲
理是深深地紮入人們的心底，也融入於他們的生活。

舉個有趣的例子，早在我第一次拜訪不丹（2000 年）時，我常見到
那邊人民的髮型，都是短髮為多，尤其是女性也一樣，這與我去藏區
時，經常看到西藏女子留著烏黑長髮、同時還紮著兩根辮子的情形完全
不同。後來才知道，原來這跟佛教的信仰有深切關聯。雖然現在不丹的
女性都已經流行長髮垂肩，但是在不丹東部的鄉村，還是經常可以見到
短髮齊眉的女性，可以想見佛教文化對不丹文化影響的深入。

據說，最早的源頭是因為，蓮花生大士在不丹初傳佛法之時，人們請
求他授予歸依的戒律，原本佛教在受歸依的時候，儀式上都會剪下一
點點的頭髮，來表示受歸依受戒。再加上，一般出家僧侶都不蓄頭髮，
於是從那個時候開始，不丹人一直到現在還受其影響，這短髮的象徵意
義，就是為了延續最初學習佛法的傳統。

所以不丹的文化、風俗習慣，已經完全與佛教思想融合在一起。舉凡

佛教重視慈悲、智慧、合諧的精神，講求分享與布施，這些文化價值觀，即使不到寺院受傳統僧侶訓練的不丹人，透過世代相傳的家庭教育與耳濡目染的生活態度，這些美好的生命元素，仍不間斷地被保留下來。

不丹人的家庭觀念：緊密相連

　　不丹人很重視家庭關係，除了大城市外，在鄉村的不丹人，整個家族大部分會住在一起，或住在離附近不遠處；年邁的祖父母親、父母、子女等等，家族間相互照顧的現象非常普遍。有些鄉村的人到大城市謀生，才會單獨居住。否則，不丹人的家庭關係非常緊密，大家習慣住在一起，兄弟姐的住所，也都住在不遠處，方便彼此可以就近相互照顧。而他們的互動關係也很頻繁，經常是今天到某某家吃飯，明天又換到另一家作客，聊天喝茶，互通訊息。如果家裡是務農，也會經常分享自己的農作物；多的食物，也會分送給需要的人。

　　日後分家產的時候，所有東西一定也會平均分配。而女性往往會比男性拿到比較多的物品，因為女性比較細心又顧家，同時善於照護物品，

例如：母親或女兒一般多會盡力來維護或保護家產，而男性則相對比較沒興趣於這類的物品，所以到後來都是女生分到的家產比較多，雖偶有紛爭，但很少見。至於出家人，不丹法律規定是不可以分家產的。

男女均權的社會

在不丹，對於男、女權並沒有多大分別，印度重男輕女很嚴重，不丹則無此問題。在工作機會上，不丹男、女性受到的待遇也沒什麼差別，主要是教育程度和他的工作能力。一位女性的教育程度很好，工作能力又強，同樣地可以獲得好的職務、拿到高的薪水；在職場上，主要是以教育程度和工作能力來取捨，而不是性別。

在社會結構中，雖然主要還是男主外，女主內的型態，但是大多數的不丹男性，還是樂意承擔家務以及照顧小孩的工作。在許多街頭巷尾，倒是時常見到父親懷抱著襁褓中的小孩，安祥地走在路上。

在不丹，父母對於生男、生女大都一視同仁，現在反而有更多的家庭，希望能生女孩，因為一般而言，男性成長後，喜歡往外跑，到處吃喝玩樂，不喜留在家中，而女孩的個性較安定，也善於照顧家庭，所以反而喜歡生女孩。

金錢觀：夠用就好，多點也很好

不丹人對於錢財的觀念，與台灣人類似，也會有儲蓄的習慣。由於不丹天然環境的限制，經濟又以農牧為主，所以要多賺得財富，並不是件容易的事情，多半是自給自足的型態。所以一般人會認為衣食住行有足夠的開銷，生活安穩，這樣也就滿足，生活上累積下來的小錢，可以做一點微薄的布施，大的金錢投資就比較沒有能力。所以在政府單位工作的人，還可以稍微累積些儲蓄；或是做生意買賣的人，可以多賺點金錢，但對一般人的生活而言，大部分的收入用於生活開銷、日常的飲食，以

及小孩的教育費用等等，這樣已經差不多收支平衡了。

　　若有多點的金錢，多半會用於小孩的教育經費，以及添購家庭所需的用品或是代步的汽車。由於不丹的路況多為蜿蜒的山路，汽車是比較好的交通工具，摩托車則多用於市區內行駛。而一般比較富有的人，除了會購置汽車、華服（高級手工傳統服飾）、珍貴珠寶等，則也會將多餘的金錢，用之於房子的整修和裝潢，將屋舍弄得更華麗美觀。

環境的幸福：森林覆蓋率，南亞第一

　　其實，幸福絕對來自於快樂的心靈，若是我們身處於環境髒亂、污穢，空氣品質低劣，噪音充斥，天然災害頻繁的國度裡，無論是住在多麼舒適的豪宅中，也很難感到快樂幸福。

　　不丹的自然環境大多未受到破壞，仍保有原始形態。嚴峻的高山、深邃的山谷孕育了豐富的物種，成為世界 10 大重要的生態連結點。全國森林覆蓋率高達 65％，有 26％地區被畫定為保護地，其中包含 4 個國家公園及 5 個野生動物保護區和自然保護區。不丹人受佛教思想影響，山川大地盡皆生靈，所以政府推動環保政策，人民自然隨順全力配合。

　　在這樣優美的森林環境下，人民眼目所見，周身所處，都是自然而祥和，心靈上較無暴戾之氣，貪婪之心也相對變淡，容易感到放鬆、滿足，

自然也比較會感到幸福快樂。

政治安定、上下相互信賴的幸福

不丹在歷經百年王室之後，開始走向民主憲政的時代。在第四世國王主導下，將君主權力下放，並和緩地分階段發展民主制度，從 1981 年~1990 年，將權力由中央下放給各地方行政區；1991 年~2007 年，將權力由地方行政區下放到各個村落，從 1991 年開始，地方首長由各地選出，而地方的發展計畫，則由下層向上層提出。

2006 年第四世國王宣佈退位，並將王位交給兒子吉美・格薩爾・旺楚克。2008 年舉行第一次的民主選舉。不丹從王室政治走向民主政治，整個過程都是由上而發的，從這點可以看出不丹國王的無私、睿智與愛民，高度地獲得百姓的信賴與支持。這股風氣與楷模，也成為民主政治很鞏固的基石，能上下一心，同心協力，創造不丹的幸福願景。

不丹政治的安定，來自於上下的相互信賴。在不丹要成為貪官污吏不大容易，因為官員與百姓的關係很密切，全國如同是個大家族一般，有任何的不法之行，很容易走漏風聲；同時，由於傳統的文化價值觀念，若有不義之行，也會給家族帶來蒙羞，所以不丹人民多會自我約束。信賴，也是幸福感很重要的來源。

以上是我走訪不丹這麼長的時間中，對幸福不丹的觀察。世界在變，不丹也在變，我們樂觀其成他們目前的幸福與美好，也希望在他們走向未來世界的同時，也能有機會盡一份心力，支持不丹在經濟發展的過程中，繼續保存珍貴的文化價值與遺產。

正如商業周刊創辦人金惟純先生所言：「台灣與不丹面積相仿，在諸多的資源上，比不丹更優渥；台灣的人民善良淳樸，有極大的潛力發展國家幸福力。透過兩方相互的交流和學習，可以共創世界的幸福。」

這應該也是我寫這本書，最深切的目的與期望吧。

在台灣遇見幸福：
不丹幸福藥師庭園

不丹庭園以「藥師庭園」作為設計主題
希望讓人們能體悟到　幸福來自於自覺的心靈
從而獲得安康長壽的幸福人生

第一尊遠從不丹而來的藥師佛像
不丹與台灣上百人的共同成就
充滿高僧大德加持祝福的聖物
不丹建築繪刻藝術的首度呈現

這裡，匯聚著諸種善緣
用付出和奉獻的心　不分宗教和國籍
同心協力克服所有難關
完成夢想中的不丹幸福能量的庭園

國際花卉博覽會在世界各國舉辦，已經有 50 年的歷史，2010 年首次由台灣主辦，這也是台灣主辦過最盛大的一場國際活動。

2010 臺北國際花卉博覽會，在「人與環境共存共榮」的理念下，同時把台灣環保、科技、文創、花卉的實力展現出來，也進一步朝向世界邁進，讓台灣在國際上發光發熱。

在因緣際會下，不丹總理授權我所屬的山月協會，代表不丹國參與這場盛會，建立這座不丹館庭園。身為會長的我，心情憂喜參半。喜的是有機會透過這個因緣，將不丹的幸福力、幸福能量傳送到台灣來，進而增進彼此的交流；憂的是，所有艱辛的工作才要開始，第一次總籌這種國際性活動，在總理的信任交付下，全權負責，張羅所有的籌備事宜。

籌備的開始

由於不丹的經濟並不富裕，所以不丹花博的亭園建物，全部都得由台灣山月協會自行籌措經費來完成。而不丹政府方面，則盡力提供最好的配合。首先我們找到不丹資深的不丹傳統庭園的建築設計師，開始進行

不丹庭園的規畫設計圖。

在不丹庭園設計圖完成後，首先需要經過總理親自過目，待確認之後才可進行。畢竟對不丹而言，這場台北國際花博盛會，關係到不丹國家的形象與名譽，所以總理特別審慎。

2010 年八月，我特別前去不丹拜會總理，將初步規畫好的庭園圖呈交給總理審閱，總理很開心，同時他建議：「不丹自古有藥草王國的美稱，不丹國境內，就充滿著可以作為藥用的奇珍異草，所以，不丹庭園的設計上，在佛亭建築內的佛像，可以選擇『藥師佛』。」在總理睿智的決策下，於是不丹幸福庭園，就變成了「不丹幸福藥師庭園」。而我們的園藝規畫，預計將不丹庭園內的花草植物，全部選用藥用植物及花卉。

在我修行的生涯中，我與藥師佛很有緣份，我念誦過相當多次的藥師經，同時還用毛筆抄寫藥師經至少五次以上。我的辦公桌背後就是藥師七佛，而出版社的大廳上則掛著一幅很大的「藥師佛壇城圖」唐卡。

建構幸福的夢幻團隊

不丹 + 台灣 = 上百人的齊心努力

由於不丹建築師已經將初步的不丹庭園設計稿完成，於是在不丹的木工建築的部分，則開始由一位國家的官員協助聯繫、籌畫所有的不丹傳統建築的相關工作。從木頭原料的取得、鋸割成每個建築所需的大小尺寸，然後開始繪圖與雕刻。這期間歷時近兩個月才完成，這樣的時間都還是在人員加班趕工下才能即時完工，否則後續在台灣組裝部分的工程，就會來不及。因為這些不丹完成的建築材料、組件，必須要經過至少一個月的海運時間，才能抵達台灣。抵台後，我們再請一組不丹具資深經驗的工匠團隊，來組合完成所有的不丹庭園建築。

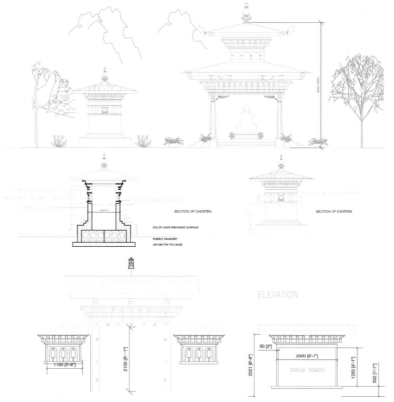

SECTION OF CHORTEN

DOLEP OVER PREPARED SURFACE

RUBBLE MASONRY

200 MM THK PCC BASE

SECTION OF CHORTEN

ELEVATION

DISPLAY BOARDS

當不丹的木工建築的部分，已經開始積極進行作業，但是台灣這一邊，又要如何去找到一個合適的執行建築團隊呢？畢竟，我的專長與本業都是以出版為主，單位內部人力僅五、六位同仁，除原本公司的運作，還要執行不丹花博的工程事宜，回想起來，當時像是個「不可能的任務」。

除了需要一組負責又有經驗的不丹庭園執行團隊外，我們還必須要將預算降到最低，要如何完美的演出呢？

起初，我先與熟識的室內裝潢設計師洽談，除了要整合不丹所有的傳統建物，包括：不丹傳統佛亭、佛塔、不丹木橋等，還要負責庭園內的造景設計，建造水池，景觀藥用植物的植栽等所有的工作，這些工作涵蓋的範圍很廣，包括水泥工程、水電工程，許多室內裝潢設計師聽完紛紛怯步，我只好開始轉而尋找有高度整合力的團隊、建築師來參與。透過好幾位朋友的協助與諮詢，卻還是找不到適合的團隊，可以擔任此重任。怎麼辦？我憂心忡忡，但始終沒有放棄，一直堅持地尋找。晚上經常憂心地無法安然入眠。

台灣因善願而成的建築團隊

正當我為執行團隊及預算控管而坐困愁城時，因緣的輾轉，終於找到這位建造不丹幸福藥師庭園的 Mr. Right ——謝立元建築師。謝建築師曾服務於台灣知名的沈祖海建築師事務所，現任鼎原顧問公司總經理。他是一位虔誠的基督徒，想不到成為台灣協助建築「不丹藥師庭園」的重要關鍵人物。

那一天上午，因我協助而就醫的一位不丹僧侶剛好要出院，就在我與一群不丹僧眾們談話討論，辦理出院事宜之際，一位同修來電告訴了我這位謝建築師的手機號碼。我馬上迫不及待地打給他，說明了來意與因緣，他馬上一口就答應，只是交代必須要過兩天才有空可以見面詳談，現在不方便。當時心中萬分歡喜，心想：這必然是藥師佛的庇祐。

總算一個心，有一點點小小的安定下來，只是我這一生，無常的事情遇多了，沒有確定的事情，還是一顆心懸在那裡，上上下下。

後來，與謝立元建築師見面詳談後，才知道原來我打電話給他的時候，當時他正在為他的愛妻辦理喪事。他和他的太太都是虔誠的基督徒，但是，他太太生前曾是位中醫師，而她特別喜歡藥師佛，只要有藥師佛的地方，她都會去禮敬。由於這個因緣，當我打電話給謝建築師時，當時他心中真的覺得：是他的愛妻在冥冥之中的安排，讓他來執行這件不丹幸福藥師庭園，完成他太太的願望一般。

聽完他的故事，我真的深受感動，終於覺得：他就是建造不丹幸福庭園的最佳人選。他對妻子深切的愛，轉化成這座位於美術館區的「不丹幸福藥師庭園」，

他無怨無悔的付出，不求任何的回報，幫我們把成本降到最低，號召所屬的相關工程公司來執行，我真的萬分感激他，若沒有他的出現，不丹藥師庭園不可能這樣順利的完成。

謝建築師加入後，深入瞭解相關工程，列出密密麻麻的結構與時間表，並尋求相關人脈來支援，而且，他還幫忙將預算控制在最低。還好有他的出現，否則執行工作將會面臨很大的挑戰與瓶頸。而這次不丹館的建設經費，除了台北市政府的補助外，也幸賴於永豐餘生技、上善人文基金會與信誼基金會的贊助，讓不丹的幸福力，透過不丹藥師庭園，深入台灣這塊土地上。

在不丹由匠師、僧眾所完成的建築工藝

當我第一次看到此次花博不丹展館，在不丹製作過程的一百多張檔案照片，看完後，讓我深受感動。

不丹幸福佛亭的主要建築和塑像，其木頭是取材於不丹當地的松木，並由不丹國當地的一級工藝匠師與僧眾們，傾其全力，一筆一劃、一刀一刻地，累積近二個月的時間，日夜辛苦的共同努力下，從每根樑柱、

木件的構圖、繪畫、雕刻，將所有建築物件完成後，分類包裝，裝入貨櫃，再經由一個月的海運船期，貨運至台灣。

這裡面還有一尊泥塑的藥師佛像，在完成泥塑佛像後，特別經過不丹的高僧親自裝臟，在佛像內放入很多珍貴的舍利子、加持物、經書咒語等，並且擇期開光加持，藥師佛像才算圓滿。

許對許多人來說，這有什麼好奇特的，藝術作品不也都是這樣完成的嗎？而這些人的工作內容，也不就是他們日常生活的一部分。不一樣，他們都知道這些建築物是要運送到台灣來的，是為這次不丹花博會來參展之用，這些所代表的不僅僅是不丹佛教建築的藝術莊嚴，更是不丹國向世界傳送幸福的一個重要機會。

我所感受到的是：單純的心，單純的願。而這股力量是這般溫柔而宏大。

善緣匯聚所成的庭園

整個案子開始峰迴路轉般，開始順利進行。而原來不丹館的坐落位置在最角落、最偏僻地方，後來有一個參展國，縮減了一個攤位，於是，不丹館就遞補了這位置。沒想到移到此處後，與不丹建築師所規劃的設計圖中，藥師佛的位置就這樣正好位於東方（佛經中，藥師佛的淨土位於東方），這也是不可思議的巧合。

我們不敢說是所有展區中最富麗堂皇的庭園，但是卻是許多人用奉獻的心和愛心，不分宗教和國籍，同心協力克服所有難關去完成的庭園，這不是用金錢所能堆積出來的成果。

不僅台灣方面如此，在不丹工匠們花了近兩個月的時間完成建築後，一一將完工後的組件包裝完成，逐一送上貨櫃內，就要送到港口的時候，沿途卻因為雨季導致道路坍方，而錯過船期，這些過程中的意外狀況和驚險，但是他們還是努力地將各種困難克服。

當不丹館所有建築組件、以及藥師佛像，經過了一個月的航運，終於抵達台灣，我們心中真是萬分興奮，歡喜地到貨倉去逐箱點收。不丹幸福藥師庭園，這無窮的幸福能量，彙集了眾人的善心與努力，它早已打造完成，且屹立於彼此的心中。

前進幸福——花博不丹館施工

花博已進入倒數計時階段，不丹的建築團隊也抵達台灣，抵達花博不丹館的現場，開始一個月多的組裝建造工程。

這一個多月，也是我人生中很特殊的經驗。我當了一個月的「工頭」，每天全記錄式地待在工地現場，除了支援不丹建築團隊的長官 Dasho Karma 在建造過程中所需的協助外，舉凡所有的疑難雜症，都要能即時去克服。同時間，台灣的建築團隊也在進行庭園的水泥工程，以及挖土填土的各項工作。

我們的展館，算是最特殊的設計規劃，你很難想像，在 100 坪的有限空間內，我們仿造不丹的「南低北高」的地形特色，而且還有小橋流水，佛塔與佛亭，同時還規劃展區內的植物全是藥用植物。

你在展區內所看到的木造建物，百分之八九十是從不丹國而來，全是不丹當地實心的松木材，花了近兩個月完成雕刻、繪畫後，再分類包裝，搭了一個月的船運，來到台灣，然後在台灣再花一個月的時間，一件件組裝建造完成。可以想像有多費工的工程啊！

這段時間，我們一起在艷陽高照下、在狂風大雨中，逐步完成了這些工程。

這過程中發現一件有趣的事，某一天下午完成了入口處的水泥工程，可是隔天早上卻發現有幾個好大的動物腳印，方向從外而入，我們笑說：「看起來好像個虎印。」後來將照片給不丹的高僧觀看，他們說：這是很吉祥的兆頭。老虎在不丹是祥獸。而且，有一天的清晨，我在展區時，

竟然還看到彩虹。

不丹館應該可以算是在整個美術館區的世界庭園中，最為特殊的一座庭園。在我們建造的過程中，連我們附近展區中的工作人員，都曾經來圍觀。有人驚嘆地說道：「你們真的非常用心，每個建築結構、細部，竟然是花費這麼多心力來組裝完成。」「你們真的應該將這些製作過程，拍成短片讓別人分享。」還有人好奇地問說：「展期結束後，這麼漂亮的庭園還會留下來嗎？」花博結束後，永豐餘集團會將不丹館引運其土地上，讓不丹幸福力常存台灣，福佑又眾生。

最具幸福能量的幸福藥師庭園

2010 年 11 月 6 日台北國際花博正式盛大開幕。走入台北花博的美術公園展區，首先映入眼簾的是主題活動館場的舞蝶館，非但設置了1200 個座位，各種精采的國際文化藝術表演都將在此舉行。而在舞蝶館的右方，這座「不丹幸福藥師庭園」，就寧靜地佇立於一旁，風吹時，佛亭上的鈴鐺響聲，好似召喚幸福的來臨。

藥師庭園的設計理念

不丹自古即為佛法的聖境，又為藥草王國，在現任總理吉美‧聽列(Jigme Y.Thinley) 的指導下，不丹庭園以「藥師庭園」作為主題來設計，不僅要讓人們能體悟到：幸福來自於自覺的心靈，從而獲得安康長壽的幸福人生。同時也展現出不丹國境內到處充滿藥草，被譽為藥草王國的特色。

庭園內以藥師佛亭作為主視覺，藥師佛作為主尊，象徵心靈的導師；而藥草植物遍繞佛亭，象徵療癒眾生身心疾病的各種草藥良方；佛亭的四大木柱象徵不丹幸福立國的「國民幸福指數」（GNH）的四大支柱。

藥師佛身後的涓涓流水，象徵身心合諧，綿延長壽。細水緩緩流入錯落有緻的岩石，流向莊嚴美麗的供養天女，供養天女象徵著不丹人重視的「分享」精神，也是創造人間淨土的重要動力。

1. 傳遞不丹幸福力：不丹花博庭園的設計概念，以不丹傳統建築工藝，體現宗教真善美的內涵。在長青松柏、花叢綠茵、小橋流水之中，讓整個庭園呈現寧靜放鬆的氛圍，希望每個到訪者，都能實際體驗不丹式的幸福，進而產生心靈平靜與祥和的力量。

2. 療癒現代人繁忙的心性：庭園中的主體建物－藥師佛亭，象徵療癒眾生的身體與心靈上的疾病，使我們身心得到自在與解脫。同時在佛亭四周植栽上百種藥草，充滿正面磁場與能量，輝映不丹「藥草王國」的美名。

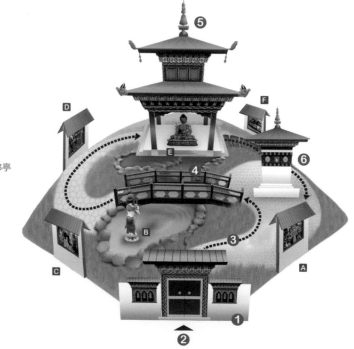

1　轉動幸福之輪

2　進入幸福之門

3　步上幸福之階

4　跨越幸福之橋

5　抵達幸福藥師佛亭

6　繞轉幸福佛塔

A　不丹幸福四大支柱1

B　供養天女

C　不丹幸福四大支柱2

D　不丹幸福四大支柱3

E　藥師佛

F　不丹幸福四大支柱2

心靈的導師：藥師佛

　　安坐在佛亭內的藥師佛，全名為「藥師琉璃光如來」，又稱「藥師如來」、「藥師琉璃光佛」、「大醫王佛」等；在大乘佛教中常稱其為「消災延壽藥師佛」，可見他在人們心中占有極重要之地位。

　　藥師佛以琉璃藍為其膚色，身披三法衣，具足法身佛之相好光明，結跏趺坐於蓮華座上，左手定印平放膝上托缽；右手下垂，掌心向外執柯子藥樹（意為藥王）。藥師佛為大醫王佛，發十二誓願，救眾生之病苦，治無明之痼疾，令一切眾生消災延壽、身心安樂。

　　據《藥師經》記載：「藥師琉璃光如來，是東方淨琉璃世界的教主。」此次藥師佛亭的地理位置就正好位立於東方，實為很吉祥、相應的因緣。而藥師佛身後的綿綿細水，意謂洗淨眾生的煩惱苦痛、喚起每一位眾生本具的清淨覺性，也代表著綿延不息的長壽安樂。

藏文藥師咒：

「 嗲雅他　嗡　貝卡傑　貝卡傑　瑪哈貝卡傑　喇雜　沙穆恩　嘎喋　梭哈 」

ཨོཾ་ནམོ་བྷཻ་ཥ་ཛྱེ་བྷཻ་ཥ་ཛྱེ་མ་ཧཱ་བྷཻ་ཥ་ཛྱེ་རཱ་ཛཱ་ས་མུངྒ་ཏེ་སྭཱ་ཧཱ།

吹響幸福的號角

　　台北花博不丹館，耀眼的金頂在陽光下閃動，在不丹恭製、修法裝臟的藥師佛及佛塔，遠渡重洋抵達台灣。在上百種藥用植物中，景觀設計師細心比對出台灣與不丹的交集，建造出不丹藥師佛庭園，象徵著世間的健康、長壽，加上心的自覺，成就圓滿的幸福。

　　西元 2000 年至今，與不丹的緣份，邁入第十個年頭。或許是蓮花生大士的加持，讓我與不丹結下不解之緣，聯結台灣與不丹的幸福力，轉動地球。

　　因緣之輪不斷轉動著，一直到本書截稿時，台北國際書展主題國不丹，及首屆台灣不丹幸福經濟論壇這兩大活動，也進入倒數計時階段，正在如火如荼地進行。

　　不丹的幸福並非與生俱來，而是經過仁慈智慧的執政者與全民的抉擇，長期的努力而來，這種精神深深鼓舞著我。當初只是一個單純的心念，希望將不丹的幸福力引入到這塊生我、育我的土地，台灣，加上不丹的法王、仁波切及總理對我的信任交付，竟演化出後續這一連串因緣，這是我始料未及的。

　　本書能在此時順利與讀者見面，可以說是另一個奇蹟，感謝商周出版團隊的全力協助，讓我完成又一個不可能的任務。

　　或許我的血液中流動著格薩爾戰神的因子，開疆闢土，祈願盡為這個時代的眾生開啟幸福的大道。

　　響亮的號角已經吹起，願幸福的進行曲，陪伴著您，生生世世！

國家圖書館出版品預行編目資料

我在幸福之地‧不丹/黃紫婕著；——初版.——
臺北市：商周出版：家庭傳媒城邦分公司發行，
2011.02
　面；　公分.——（映像紀實：13）

ISBN 978-986-120-584-7（平裝）

1. 不丹
737.53　　　　　　　　　　　98016566

映像紀實13

我在幸福之地‧不丹

作　　　者／黃紫婕
企畫選書人／徐藍萍
責 任 編 輯／徐藍萍

版　　　權／林心紅、翁靜如、吳亭儀
行 銷 業 務／黃崇華
總　編　輯／黃靖卉
總　經　理／彭之琬
發　行　人／何飛鵬
法 律 顧 問／台英國際商務法律事務所 羅明通律師
出　　　版／商周出版
　　　　　　台北市104民生東路二段141號9樓
　　　　　　電話：(02) 25007008　傳真：(02)25007759
　　　　　　blog:http://bwp25007008.pixnet.net/blog
　　　　　　E-mail：bwp.service@cite.com.tw
發　　　行／英屬蓋曼群島商家庭傳媒股份有限公司 城邦分公司
　　　　　　台北市中山區民生東路二段141號2樓
　　　　　　書虫客服服務專線：02-25007718；25007719
　　　　　　服務時間：週一至週五上午09:30-12:00；下午13:30-17:00
　　　　　　24小時傳真專線：02-25001990；25001991
　　　　　　劃撥帳號：19863813；戶名：書虫股份有限公司
　　　　　　讀者服務信箱：service@readingclub.com.tw
　　　　　　城邦讀書花園：www.cite.com.tw
香港發行所／城邦（香港）出版集團有限公司
　　　　　　香港灣仔駱克道193號東超商業中心1樓　E-mail:hkcite@biznetvigator.com
　　　　　　電話：(852) 25086231　傳真：(852) 25789337
馬新發行所／城邦（馬新）出版集團 Cite (M) Sdn. Bhd.
　　　　　　41, Jalan Radin Anum, Bandar Baru Sri Petaling,
　　　　　　57000 Kuala Lumpur, Malaysia.
　　　　　　Tel: (603) 90578822 Fax: (603) 90576622 Email: cite@cite.com.my

封 面 設 計／張燕儀
版 面 構 成／張育甄
攝　　　影／The Photos by Tourism Council of Bhutan、何經泰、陳昭義、山月協會
印　　　刷／韋懋實業有限公司

■2011年2月11日初版
■2015年11月4日初版5.5刷　　　　　　　　　　　　Printed in Taiwan
定價350元

城邦讀書花園
www.cite.com.tw